世纪波
Century Wave

Be a Network Marketing Leader

如何成为网络营销领导者

Build a Community to Build Your Empire

[美] 玛丽·克里斯坦森（Mary Christensen）著
王瑶　译

電子工業出版社
Publishing House of Electronics Industry
北京·BEIJING

Mary Christensen: Be a Network Marketing Leader: Build a Community to Build Your Empire
ISBN: 978-0814436820

版权贸易合同登记号图字：01-2016-3991

图书在版编目（CIP）数据

如何成为网络营销领导者 /（美）玛丽·克里斯坦森（Mary Christensen）著；王瑶译. 北京：电子工业出版社，2017.9

书名原文：Be a Network Marketing Leader: Build a Community to Build Your Empire

ISBN 978-7-121-32504-5

Ⅰ. ①如… Ⅱ. ①玛… ②王… Ⅲ. ①网络营销 Ⅳ. ①F713.365.2

中国版本图书馆 CIP 数据核字(2017)第 198808 号

策划编辑：吴亚芬
责任编辑：吴亚芬
印　　刷：三河市华成印务有限公司
装　　订：三河市华成印务有限公司
出版发行：电子工业出版社
　　　　　北京市海淀区万寿路 173 信箱　　邮编 100036
开　　本：720×1000　1/16　印张：13.75　字数：171 千字
版　　次：2017 年 9 月第 1 版
印　　次：2017 年 9 月第 1 次印刷
定　　价：49.00 元

凡所购买电子工业出版社图书有缺损问题，请向购买书店调换。若书店售缺，请与本社发行部联系，联系及邮购电话：（010）88254888，88258888。

质量投诉请发邮件至 zlts@phei.com.cn，盗版侵权举报请发邮件至 dbqq@phei.com.cn。

本书咨询联系方式：（010）88254199，sjb@phei.com.cn。

前　言

一切尽在掌握

人生最大的成就之一，就是生活免受贫困之苦。财务自由意味着你拥有各种各样的选择。你可以选择自己的住处、自己的生活方式、养育孩子的方式，甚至打发闲暇时光的方式；你也可以为全球慈善事业贡献一己之力，或者为自己生活的社区慷慨解囊，以此来实现自己的人生价值。当你打开视野时，世界尽在你的掌握之中。

大多数人会为了安全感而牺牲财务自由。他们喜欢稳定，只要有份朝九晚五的工作就行。因为他们面对风险总是避之不及，所以他们永远都无法发现自己的人生还可以是什么样子的。

如果你喜欢的是安稳的生活，如果你让心中的患得患失来限制人生的轨迹，或者你面对他人对你人生的安排逆来顺受，那么本书并不适合你。要想通过不断成长来填补自己的空白，你首先需要打破舒适地带的铜墙铁壁，勇敢地走出去。

如果你对财务自由能带来的生活方式满怀憧憬，也愿意为之付出努力，我可以教你如何通过打造自己的网络营销帝国来实现财务自由。

对那些胸怀大志同时又有勇气朝着梦想努力的人而言，网络营销是通向成功的不二之选。选择了合作公司之后，当你在与合作公司签订的独立承包商协议上签上自己名字的那一刻，你就成了自己创始公司的首席执行官，你就掌握了决定自己命运的关键因素。

> 如果你热爱自己的工作，你的事业就不再是简单的工作，而是一种生活方式。

网络营销就是机会。但是没有人能保证网络营销一定会带来财务自由。要想最大限度地实现营收，还需要意志坚定、恪守原则并且雄心勃勃。这些特质实际上都存在于我们的基因中。我们中的大多数人，都是开拓者的后代。他们从大陆出发，远渡重洋，目的就是追寻更好的生活。

一个人另辟蹊径时，也为其他人开辟了一条崭新的道路。数百万人都已经沿着网络营销这条道路最终实现了财务自由和自由选择生活方式。他们中的每个人都为你铺平了道路，让你可以追寻自己的梦想。但是没有人能直通成功，每个人需要经过一段旅程。和所有工作一样，你投入的越多，你的收获也就更大。

如果你雄心勃勃、兢兢业业又意志坚决，无论你在人生中选择哪条道路，都会大获成功。网络营销之所以会吸引创业者，是因为在这个领域，你无须和其他人竞争就可以最大限度地实现营收。你只要和自己竞争就可以了。这是你自己的竞赛，你可以自行设定比赛的节奏。

你可以决定自己什么时候工作，在哪里工作，还可以决定自己的工作方式。如果你没有得到自己想要的结果，也无须先去咨询所谓的委员会或得到监管者的批准，就能尝试新东西。无论是企业前进的方向还是采取的策略，都完全由你说了算。

当我发现网络营销这条道路时，我已经度过了命运多舛的童年，婚姻也以失败告终。我的人生轨迹并没有一个美好的开端，但是我内心中的一个声音总在提醒我："你应该生活得比现在更好。"

我人生的真正转折点，是当我发现我的孩子只能依靠我一个人时，他们给了我动力，让我不再只是每天憧憬更好的生活，而是鼓起勇气开始创造一个新生活。

在网络营销这条道路上，我迈出的第一步微不足道，所以一开始，我并没有想过自己能在这条路上走多远。我正好看到了一则广告，招聘在家工作的人员，于是我就拿起了电话。几小时之后，我就买下了自己的入门者工具包，虽然当时我并不清楚这条道路将引导我通向财务自由。

一开始，我只不过将网络营销当成权宜之计。在孩子长大、我能重返原来的教师工作岗位之前，我需要一份临时工作来支付各种各样的账单。后来，我发现从事网络营销带来的收入，比当教师的收入还要多。这时候，我才意识到自己的营收不需要依靠任何人。这样的认知让我大开眼界，也让我越发坚信网络营销的巨大潜力。

网络营销并不是一件简单的事情。我的忐忑不安，也不是在一夜之间就烟消云散的。但是怯弱从来就不是我的性格。我的父亲嗜酒如命而且滥用暴力，我就是在这样的环境中成长起来的。因此，怯弱对我而言，是一种奢侈品。要想生存，你就必须逼着自己强大起来。

后来，我接触到了很多大获成功的网络营销人士。尽管他们在人生中经历了重重苦难，但最后都拥有了自己的事业。这就证明，即使面临挑战，也不一定要对命运逆来顺受；目前的状况，不一定能决定未来的局面。并不是所有人都能够一帆风顺，但是让自己深陷在被害者心态中无法自拔，并不能让我们从困境中抽身而出。唯一的解决办法就是采取行动。

如果你已经摆脱了自我怀疑的束缚，你就会发现大多数挫折都是暂时的，只要永不放弃，就不会一直持续。如果你准备用自己的优点而不是缺点来定义自己，你就会发现，要想达到财务自由不是需要信心，而是需要勇气。勇气能帮助你将自我怀疑关在门外，排除重重障碍。无论踏错了哪一步还是在哪儿摔了跤，勇气都能支撑着你一路前行。

> 我知道上帝不会给我任何不能完成的任务。我只是希望他不要如此信赖我。
>
> ——特蕾莎修女

没有任何一个人比你更应该得到财务自由，也没有任何一个人比你有更大的机会实现这个目标。你可能来自一个小镇，可能早早辍学，或者你是从家里走出来的第一个人。你要克服种种困难，还要掌握这样那样的技能，但是不要让这些阻碍你前进的脚步。

> 定义你人生之路的，不是你的起点，而是你前行的方向。

我出生在新西兰，这个国家不大，总人口约450万人。但众所周知，这是一个由奋斗者创立的国度。第一代移民漂洋过海，来到这个与世隔绝的岛屿，展开了新的生活。

新西兰是第一个给予女性投票权的国家。第一个征服世界最高峰的人是新西兰人。世界上最伟大的运动团队之一——战无不胜的全黑橄榄球队，也来自新西兰。他们之所以成为世界冠军，是因为他们拥有获得成功的意志、纪律和渴求。

如果你允许自己朝着成功努力，你就将挑战看作机会，然后迎难而上，一样一样地着手解决。你不会左顾右盼，不会给自己找这样那样的借口，也不会妥协退让。你会遵守这样的人生信条：即使不成功，我也收获了经验教训。

失败的唯一方式，是在成功之前就偃旗息鼓。

在成为一名网络营销领导者的过程中，你将经历的最艰苦卓绝的一场战役，实际上是在你的脑海中发生的。只要赢得了这场战役的胜利，你就可以开始无拘无束地追求自己的梦想了。

在这段旅途中，你并非孤军作战。如果所有从事网络营销的人共同组建一个国家，那么这个国家按人口规模计算全球排第十三位。根据世界直销协会联盟的最新数据，目前有9 600万名独立合同商在从事网络营销业务。

绝大多数人从事网络营销都只是为了一些细小的改变。不要被这个数据吓住了，大多数网络直销人士只是在闲暇之余才打理自己的业务。一些人加入网络营销是为了能以批发价拿到自己需要的产品；还有一些人将这些批发来的商品出售给自己的家人和朋友，从中赚取几美元的利润。很多人投身于网络营销，是因为这段经历能给予他们的社交、心智及情感方面的收获。

如果你的目标是实现财务自由，那么你首先要具备一名领导者应有的态度和特质。

- 有勇气建立宏伟的目标。
- 有决心朝着这个目标奋勇前进。
- 在心灰意懒的时候仍有工作动力。
- 有原则将所有自我怀疑、干扰因素和不和谐的声音关在心门之外。
- 有力量在自己原有成绩的基础上更上一层楼。
- 成熟地承担所有的后果。
- 有意愿克服自己的弱点。
- 有决心担任领导者职务。
- 当前路艰难时仍有毅力前进。

要想建立自己的事业，你没有必要彻底放弃原来的工作，甚至结束学业。即使兼职，或者灵活安排工作时间（但意思并不是你能够绝对自由地安排工作时间），随着时间的推移，你也能取得长足的进步。

本书根据我个人成功建立网络营销事业及帮助他人实现同样的事业的亲身经历编写而成。在编写过程中，得到了本行业内德高望重的领导者的意见和观点。通过我们的共同努力，我们已经帮助上百万名网络营销人士取得了成功。

现在，是时候建立你自己的网络营销帝国了。在这个过程中，你要打造一个属于自己的圈子，并在这个圈子里鼓励所有人乐于工作，努力学习，激情成长。

目录

第 1 部分

为领导做准备

第 1 章

网络营销的力量

在当今社会，人们很容易通过创业活动来实现财务自由。技术的发展日新月异，已经彻底根除了在家工作的障碍，网络营销已经扩展到你能想象到的任何种产品和服务。

对创业者来说，网络营销是不容错失的机会。传统的养生保健、个人护理、时尚配饰、家庭护理及食品板块已然呈现出蓬勃发展的状态。与此同时，网络营销渠道供应的产品门类，越来越让人大开眼界。你完全可以将自己的业务范围，设定为量身定制健康辅导、定制珠宝、美食、礼品盒或个人防身产品。

网络营销已经成为服务业不可或缺的重要组成部分。你的业务可以立足于能源、保险、信贷监控、法律服务、住宅安保或电信服务。无论你对哪种产品、服务或渠道感兴趣，你都能找到愿意和你合作的网络营销公司，以及愿意指导你的投资人。

网络营销的核心，就是个人对个人（Person to Person, P2P）地销售产品和服务。这是在当今这个消费型社会中完美的商业模式。

网络营销人士无法垄断对某种产品和服务的营销，但他们还有其他优势。在如今这个高度关联的网络市场平台上，消费者在热切地寻找自己信赖的人征求建议。这个人绝对不是一个工作负担过重却只能挣到基本薪酬的销售助理。如今的消费者希望能够享受一周七天一天二十四小时全无休网上购物的便利，希望无论自己什么时候需要帮助或建议，都有个人能满足他们的要求，并能从中获得利益。你就可以成为这个人。

根据世界直销协会联盟委托哈里斯民意调查机构展开的一项调研结果，在过去的六个月中，有 1/3 的美国成年人曾经在直销商那里购物。

作为一名网络营销人士，物色客户和提供服务的地点无须受到任何限制。你可以在网上推销自己的产品，也可以采取面对面的方式，或者双管齐下。你的网店可以全年不打烊，你和客户之间也不过只隔着一条信息、一句话或一个电话的距离。

网络营销不仅仅靠销售产品和服务来吸引关注。除了通过个人销售业绩获利外，你还可以以“组织销售”抽佣的形式获得奖金。

所有网络营销人士入行时都要和自己选择的企业合伙人签订一份独立合同商协议。尽管这份协议是和公司签订的，但它们将成为发起人建立的组织的一部分。

公司会对那些介绍其他人参与进来并且提供相应指导的领导者施以奖励，根据组织销售业绩支付奖金。

每个公司的薪酬计划都各不相同，但是它们的目的都是奖励增长。你在吸引和指导其他人成功建立事业这一方面做得越得心应手，那么你的酬劳就会节节升高。你所签约的公司如何奖励独立合同商，具体信息会一目了然地写到薪酬计划里。

通过帮助其他人获得他们想要的东西，以此来获取你在生活中希望收获的东西，这并不是一个新想法。早在近一个世纪以前，约翰·洛克菲勒就说过："我宁愿通过一百个人的努力赚到一美分，也不愿仅凭自己的努力赚取一百美分。"

真正新的是移动设备的诞生打破了游戏规则。现在，你可以在家里、在车上，甚至在你最喜欢的咖啡店处理工作。你可以在自己的家乡、在其他省基于其他国家建立一个网络营销组织。如果你的企业合伙人设定了全球薪酬计划，你甚至可以在另一个大洲建立自己的事业。

你旅行的时候，你的业务与你形影不离。你可以在等待登机赶往一个激动人心的旅行目的地时打理自己的业务，甚至可以在和家人一起在主题公园共享美好时光时兼顾生意。

网络营销是社交网络的起点。Facebook 的首席运营官谢丽尔·桑德伯格曾在 2014 年世界直销协会联盟大会上认可了这一点。她说："在 Facebook 诞生以前，直销人士就已经将个性化营销运用得炉火纯青了。直销人士运作业务的方式，让我们获益良多。"

正是因为这个原因，网络营销对当今雄心勃勃的创业者们来说才是不二之选。网络营销的优势还包括能为从业人员提供灵活性、乐趣及自由，个人成长也是必得的收获之一。因为在发展网络营销业务的同时却没有实现任何个人成长的概率微乎其微。

沃伦·巴菲特是 20 世纪最成功的企业投资者，也是全世界最有钱的富豪之一。他是投资集团伯克希尔·哈撒韦公司的最大股东，而这家公司旗下就有一家网络营销公司。

网络营销之所以越来越受欢迎，其中一个原因就是我们对理想的生活方式的定义已经发生了变化。现在，我们只要动动手指就可以和全世界连接起来，我们正寻求通过这样那样的方式将个人生活和工作生活结合起来。

如果我们能在家里上班，就不会觉得有必要将家庭和工作生活分割开来。我们可以同时享有两个世界能带给我们的最佳体验。我们在积累财富的同时，也有足够的自由去享受财富带给我们的一切。

网络营销是将工作/玩乐合而为一的完美模式。作为个人业务的首席执行官，你无须一天到晚地守在办公桌旁，也无须整天应付那些你根本不会视其为朋友的人。你可以自己决定和谁一起共事、和谁打交道，以及和谁一起娱乐。

在打造自己事业的同时，你可以继续读完自己的学位，或者保留自己的全职工作。网络营销领导者常常会设定一个可以取代全职工作所得收入的目标，并且很多人都达到了这个目标。他们就是活生生的例子，他们证明了这个业务完全行得通……当然前提条件是，你必须付出努力！

网络营销同样引起了那些还有雄心壮志的企业职员的关注，他们正在重新思考自己的职业选择。很多人不希望继续牺牲自己的个人生活，为那些随时可能将他们解雇而且为此不会有一丝愧疚的冷血公司工作。这些人不仅有成功建立事业所需的技能，也有足够的动力来完成这一目标。

> 任何事物的价格，都是你牺牲了多少生活作为交换的。
>
> ——亨利·大卫·梭罗

与此同时，独立企业的所有人也逐渐认识到网络营销的魅力。一直以来，他们每天都要工作很长时间，获得的利润却非常有限，而他们承担的风险几近荒唐。

网络营销之所以是一个诱人的选择，是因为你不需要动用自己所有的积蓄，也不需要到银行争取贷款，也不需要通过众筹的方式来筹措资金，就可以开始自己的事业。

彭博资讯是一个在业界备受尊敬的全球企业与财务信息机构。根据它的数据，十家新企业中有八家会在成立后八个月之内倒闭。一般来说，网络营销业务的成本只有几百美元，甚至更少。如果你认为这项生意并不适合自己，完全可以全身而退，自己的资产状况不会受到任何影响。

大多数为新入行者准备的网络营销工具包所提供的产品和业务的价值，实际上相当于你所投资金额的很多倍。很多公司还会在入门者工具包里加入一个高度成熟的网店 3~12 个月的会员资格，以及虚拟办公室网站的使用资格。在这之后，你只需要象征性地向公司支付一定的金额，就可以继续保留自己的网络办公室和网店。

你合作的公司将承担最初创业时期的大部分成本。后续成本需要你动用自己创造的利润来支付。与此同时，你还可以享受大量针对在家创业人员的高额税收减免优惠。

对于税收申报时的费用，最好寻求税收专业人士尤其是专注于小企业和居家企业的专家的建议。

如果家庭中父母两人都是为了生计才坚持现在的工作，而不是遵从自己的选择，那么网络营销就是填补家庭财务负担与收入总额之间缺口最为理想的方式。

网络营销蓬勃发展的原因之一是没有人再相信"铁饭碗"这样的话。随着企业对之前由人力完成的工作进行自动化改造，制造业、配送业与服务业的岗位在不断减少。全球最大的网上零售商一年之内在配送仓库新增了一万台机器人。对客户而言，这样的变革意味着订单的处理和交付速度更快，效率更高。但是这种好处，却是以数以千计的员工丢掉工作为代价的。

现在，我们可以自己在网上预约，坐在桌边轻而易举地用平板电脑订购食品。我们可以独立完成航班登记和酒店房间入住手续。但这对那些原本在服务业工作的人来说，并不是一件好事。

你可以询问任何一名工作者如何看待朝不保夕的工作、枯燥的上下班生活、少得可怜的假期和病假补助，或者每天都被要求加班加点，最后上司却告之"我们今年没条件给你涨薪"。大多数人的回答都是："我已经迫不及待地想摆脱这种生活了。"

你也可以问问做父母的是否愿意让自己的孩子每天都在日间看护中心待 8~9 小时。如果你主动向他们介绍如何能在家里陪伴自己的孩子，同时还能建立一份利润颇丰的事业时，他们就会认真聆听。

很多千禧一代（1984—1995 年出生的人）在成长的过程中，家里都遭遇了全球经济大萧条的冲击。他们的父母现在还在疲于奔命，目的就是让家里能达到收支平衡。你可以问问这些千禧一代是否希望重走父母的老路。大多数人的回答都是斩钉截铁的："不要！"

你也可以问问年轻人是否希望每天都在狭窄的隔间里一待就是八小时，按照别人决定的时间表工作，大多数人的回答都是："绝对不可能！"

美国的中产阶级还没有感受到经济回暖的好处。根据美国人口普查局的数据，自 2009 年以来，美国中等收入家庭的收入从数据上看并没有显示出明显的增长，但生活成本的增长却是持续而显而易见的。

就业市场萎靡是一个波及全球的问题。因为天然气价格一落千丈，加拿大的就业市场受到了严重冲击。而受市场状况影响，澳大利亚的工作岗位也在迅速削减。中国经济增速放缓严重削弱了对进口商品和服务的需求，导致制作商与供应商所在的国家不得不采取重大裁员措施。

我的观点是，没有道理继续让别人掌控你的收入。如果你无法控制自己的收入，你面临的选择就会减少。而如果你能控制自己的收入，你的选择就会相应增加。网络营销永远都向那些拒绝由其他人来决定自己工资表的人敞开大门。

如果你敏锐地观察，就会发现人们进入网络营销行业的原因各种各样。有些人是为了提高现阶段的生活条件；有些人是为了减轻自己的财务负担，偿还更多的债务；还有一些人则是寻求给未来提供保障，希望能提前还清房贷或改善自己的财务状况。网络营销能给所有人提供机会。

科技进步侵蚀了传统行业的利益，但对网络营销人士来说是一个不折不扣的福音。

- 你的网店和后台办公室可以像任何一家大型企业那样齐备。
- 你不需要受制于一些不必要的限制。只要你遵守法律法规，能保护好自己的客户及其他网络营销人士，你就可以随心所欲地决定自己的工作时间和工作方式。
- 你不需要自我挣扎。你将从自己的上级和公司那里获得持续的培训与支持。在很大程度上，你可以从网上免费获得网络营销教育。
- 你会从那些已经成功开创事业并且愿意和你分享如何实现这一目标的业界专业人士那里得到各种各样的支持。网络营销与成本高昂的大学教育之间的不同之处，在于你在学习期间就可以开始赚钱。
- 你不会被限制在某个地方。你可以利用自己已有的人际关系网来开展业务，或者，你也可以通过他人推介、展会、市场或社交媒体发展新的人际关系。很多公司都设定了无缝接合的全球计划。借助这份全球计划，你可以随心所欲地在全球范围内开展业务。你的下一次出国旅行，可能是享受减税优惠的商务旅行。
- 大多数网络营销公司每年都会提供旨在激励员工的免费旅行的机会，而且它们召开年会的地点一般会选择令人向往的度假胜地。

作为一名网络营销领导者，你不需要创造需求，你只要满足需求就可以了。人们大量涌进网络营销行业。每天全球会签署 10 万份直销协议。你的任务，就是让更多的人与你签约。

在为编写本书进行调研的过程中，我牵头启动了在澳大利亚开办美国网络营销公司的项目。这个项目取得了显著的成就。在公司创立后前十个月，共有 3 000 名独立合同商签约。第一年的销售额达到了 1 000 万美元。

更重要的是，在整个过程中，我可以在加利福尼亚州中海岸的家中运筹帷幄，这里距离澳大利亚有 1 万多千米。当然，我也到澳大利亚出过几次差。但是和大多数成功的网络营销人士一样，我可以按照自己的意愿待在自己喜欢的地方生活和工作。在网络营销这个行业，我有机会在任何地点开创自己的事业，不需要带着整个家庭漂洋过海，也不需要和朋友们痛苦离别，这让这份工作显得更有吸引力。

通过帮助别人实现财务自由的方式来让自己获得财务自由，这个理念很简单，但是背后蕴藏着巨大的智慧。讲到这里，我还是要提醒一句：就像很多胸怀壮志的网络营销人士发现的那样，创业者和梦想者之间存在着天壤之别。几乎每个人都可以梦想实现某个目标，但是只有少数人才愿意为了实现自己的目标而努力奋斗。

尝试回答下面的问题，以便判断你是否已经准备就绪，开始领导自己的网络营销帝国。

- ❑ 我是否渴望实现财务自由？
- ❑ 我是否愿意克服自己的恐惧感？
- ❑ 我是否愿意放弃所有的借口？
- ❑ 我是否愿意承担风险？
- ❑ 我是否愿意努力工作？
- ❑ 我是否愿意刻苦学习？
- ❑ 我是否愿意不受所有质疑者和批评者的干扰？
- ❑ 如果这条路确实行不通，我是否愿意接受这样的事实？到底是因为我还不够努力，还是我从事的工作并不适合自己？
- ❑ 我是否愿意改变自己，而不是要求其他人做出改变？
- ❑ 我现在是否已经做好准备正式开始？

如果你对上述所有问题的回答都是肯定的，那就证明你有着积极的态度，也有意愿付出持之以恒的努力。而且，你已经做好准备灵活应对了。

现在就到了将自己的梦想从心愿单移到行动单上的时候了。让梦想成真吧！

第 2 章

五步建立网络营销帝国

我们全家都喜欢在主题公园度过闲暇时光。因为我们的派对上总有一群没有片刻安宁的小孩儿，所以我们会在公园旗下的酒店过夜，这样就可以提早进入公园。我们比其他游客能提前一小时进园，这样不需要排长队就可以欣赏人气最高的景点。

我上次带着家人去度假时，迪士尼乐园的“赛车总动员”景点炙手可热。我们到达景点的时候，还没有排队的人，于是，我们沿着赛车道玩了好几圈。最后，我决定在家人玩最后一圈的时候等在一旁。就在等待的过程中，游客们蜂拥而至。因为园区已经对普通游客敞开大门了，看起来似乎每位游客的目标都是“赛车总动员”这个景点。短短几分钟，电子告示板上的等待时间，从“无人等待”变成了“两小时以上”。时间就是王道！

我们将提前入园和开创网络营销事业进行比较。根据世界直销协会联盟的数据，新加入网络营销行业的人数已经连续两年突破历史纪录，而且这股浪潮丝毫没有减弱的迹象。你越早开始开创自己的事业，就越可能抓住下一波的增长浪潮。

业界领先杂志《直销新闻》委托展开的一项调研涵盖了过去六个月中客户购买直销产品的渠道。

- 网上购买占 66%。
- 工艺品展会或农贸市集占 64%。
- 团购占 55%。
- 一对一咨询占 47%。
- 产品展示占 44%。
- 研讨会或介绍会占 24%。

这个行业还远远没有发挥出自己的潜力。美国人口一共 3.2 亿人，目前只有 1 600 万名独立合同商在经营直销业务。

南美洲和中美洲人口共计 6 亿人，而独立合同商只有 1 400 万名。

在整个西欧地区，独立合同商估计只有 1 300 万名。

澳大利亚有 2 300 万人口，独立合同商约有 100 万名。

虽然亚太区和东欧地区的数据并未得到证实，但有迹象表明，这两个地区的网络营销规模正在经历爆炸式的增长，因为人们对生活水平的期望在不断提高。

鉴于传统就业市场令人心灰意冷的状态，上述所有数据都意味着两个字：机会！

每位创业者都知道，把握机会的关键，就是在其他人洞察到某个趋势之前，更早地发现它。你越早开创自己的网络营销事业，就有更大的机会在下一波增长浪潮中站在前面。

美国直销协会的最新数据表明，70%的直销采取的都是个人对个人的形式（包括送货上门），23%通过派对和团体展示（包括线上和面对面方式），7%是以其他方式完成的。

虽然销售是网络营销业务的基础，但很少有人能够凭借一己之力实现财务自由。要想获得更高的营收，就要吸引出色的人才，然后通过对他们的培养，最大限度地激发他们的潜能。真正的领导者知道，成功的关键是围绕自己建立一个战无不胜的团队，这才是网络营销事业的核心所在。要想成功，你首先要成为一名领导者。

本书包含了任何团队、企业或组织领导者都可以借鉴的宝贵经验。如果员工无法承担离职的后果，那么任何人都能管理他们。但这种方式和纯粹的剥削没有什么差别。领导者面临的真正的考验，是如何领导心甘情愿与其并肩作战的下属。

消极怠工、心不在焉或满腹怨言的员工，每年会给小企业或大企业带来几十亿美元的损失。我们都遭遇过漫不经心的服务——在商店里或电话购物时。我们按照预约出现时，仍然会遇到冷若冰霜的接待人员。面对这样的冷遇，我们中的大多数人都会更换服务供应商，从商店空手而归，或者转到其他商家。

在编写本书的过程中，我有一次到一家商店购买一种经常购买的产品。商店里几乎没有客户，所有店员都聚在一个地方交头接耳。我找不到自己想要的东西，于是走过去请他们帮忙。其中一个店员很不情愿地跟着我走到货区。当我询问能不能帮我看看商店仓库是否还有更多库存时，她回答说："我们这里不会有太多存货。你在网上购物选择更多。"我还没有走出商店的大门，她就已经回去和其他店员聊天了。

真正了解社区力量的零售商是苹果。无论你什么时候走进苹果的门店，你都能马上感受到这种氛围。正是因为这个原因，如果按每单位门店面积的销售额计算，苹果是世界上最成功的零售商。这家企业成功地建立了一个由自豪的员工和忠诚的客户组成的社区。当然，苹果并不能代表大多数企业，它只是个例。

在开始建立自己的组织前，你首先要让自己做好领导他人的准备，完成自我领导的五个步骤。

第一步：激励自己

为自己制定一份"我有个梦想"讲稿，然后致力于实现这个梦想。一个强有力的个人目标，能够让你将自我怀疑、心灰意冷及干扰和批评的声音抛之脑后。而一个过于胆怯的目标，即使制定了也没什么意义。你的目标要足够激励人心，这样才能让你在被绊倒时重新爬起来继续前行，才能让你在迷路时重新回到正确的轨道上来。

如果你没有一个能让自己心跳加速的目标，那么可以回想几年前的情景，然后勾画自己的生活状态。

- 你的年收入有多少?
- 你在哪儿生活?
- 你是不是还要还房贷?
- 你下次要去哪儿度假?
- 你开的是什么车?
- 你的孩子在什么学校上大学?
- 你在闲暇时光都做些什么?
- 你周围都围绕着什么样的人?
- 你如何为社区贡献自己的力量?
- 你的财务状况看起来如何?
- 你支持哪些慈善事业?
- 什么才能让你高兴?

当你勾画出对成功的愿景后，再回到现在。你要在自己创业的第一年取得什么进展?

一年是制定第一个目标的理想期限。这样的期限不长，能让你切身感受到；同时你又有足够的时间去实现目标。在我们通往最终财务目标和生活水平目标的进程中，年度目标是具有里程碑意义的节点。

> 如果你的目标一点儿都没有让你感到吃惊，那说明这个目标还不够大。

第二步：抛开一切借口，全力争取成功

总是将自己沉浸在悲观事物而非乐观事物中，这不仅是任性之举，还是自恋之举。没有人会因为你曾在人生中遭遇一点儿挫折，就让你一路畅行。

当我感到焦虑不安的时候，我可以将一切归咎于嗜酒如命的父亲。我也可以将自己的勇气视为具有开创精神的祖先的传承。我也可以提醒自己，我的祖辈为了我们的自由，献出了自己的生命。而我的母亲，无论遭遇了怎样的艰难险阻，都从来没有向生活低过头。

并不是人生中的某次经历造就了你，你是多种多样的经历共同作用的结果。有些时候，你需要从更广阔的视角来展望人生，才能找到勇气从过去的恐惧和失败中挣脱出来。

我们人生中的每个选择都是自己决定的。如果你要寻求财务自由，你首先要明白，自己不能一边找各种各样的借口，一边期盼能赚钱。

阻碍成功的“七宗罪”。

1. 低估机会的价值：不要只是因为你的事业启动成本不高就低估这份事业的潜力。

2. 过高估计挑战：从你已经掌握的优势出发，培养你还需要的其他优势。

3. 过分看重他人的观点：你不能靠着其他人的观点来支付账单。

4. 过分低估自己：你的内在力量，要比你所面临的挑战大得多。

---

5. 过分依赖他人：不是所有人都能碰到经验丰富的上级或鼎力支持的家人。

6. 制定过于复杂的战略：如果你希望面面俱到，你就会面临一事无成的风险。

7. 低估细小时间的价值：如果你不付出，就一定不会有结果。

这份事业之所以具有强大的优势，是因为它可以使我们不必执着于过去的错误和过失。每天都是一个崭新的开始。无论你经历了什么才到达事业上的这个节点，也无论你在追求事业的过程中犯了什么错，你在推进事业继续前进的过程中都无须执着于之前的经历。克服焦虑的唯一方法就是马上行动。

每天，我们都可以按下“重设”按钮，专注于做正确的事。销量不尽如人意？那我们就招徕更多的客户！团队成员太少？那我们就发展更多的下线！真正表现出色的团队成员太少？那我们就做更好的领导者！

只要你能够做到全力以赴，就一定能掌握所需要的技能。全神贯注地投入事业发展中，然后一步一个脚印地推进事业不断壮大。如果没有这份全情投入，你的梦想不过是纸上谈兵。

第三步：“狂热”收集各种各样的收获

你在旅程中积累的经历越多，旅程就越激动人心，也越让你收获更多。你可以将建立自己的网络营销帝国比作展开一次公路旅行。旅程本身才最激动人心。

不要执着于自己的目的地，以至于忘记了追寻和享受在旅程中的每次经历。将公司薪酬计划转变为自己的旅行路线图。图上清晰地标记了你的所有里程碑和收获。你的目标就是将它们一一实现。不要绕过任何一段经历，也不要放弃任何一种收获。

如果你对自己能得到哪些收获一无所知，那么可以询问自己的上级或分销服务代表，让他们和你共同回顾计划，确保自己知道下述问题的答案。

- 获得优秀新分销商奖励的最终期限是什么?
- 要想每个月都能够拿到最高销售奖金，要达到多高的销售额?
- 实现这些里程碑目标之后，我会得到怎样的认可?
- 作为其他人的上级，我会得到哪些奖励?
- 如果我在一个月内发展好几个人成为下级，我拿到的奖金会不会增加?
- 得到职位晋升之后，我能拿到多少钱?
- 我是不是每年都能够得到公司的旅行激励?
- 要在什么日期之前达到这个目标?
- 年会什么时候召开?在哪儿召开?
- 我要设定怎样的年终奖目标?
- 我们公司是否设定了每月激励计划?

正是我们在这个过程中积累的收获与经验，才坚定了我们对这份事业的信念，才激励着我们一路前行。

我曾经在一家保险公司演讲。在这家保险公司，经理每推荐一个人最终签约，就会马上得到 500 美元的奖励。当我举着五张面值 100 美元的钞票，询问坐在前排的一位经理:“如果我现在马上给你这笔钱，你想用它来做什么？”他毫不犹豫地说道：“买一副新的太阳镜！”即使隔了好几米远，我也可以感受到他的激动。

几天后，我在给珠宝顾问做演讲的时候向听众提出了相同的问题。这一次，答案从四面八方传来：“我要用来买鞋！”这一次，大家的热情也很明显。

奖励可大可小，但是每个奖励的影响都是巨大的。如果你能够认识到短时间内的满足感是一种强大的驱动力，你就会成为一位更出色的领导者。

> 幸福感并不来自举世瞩目的大成功，而是来自每天点点滴滴的成绩。
>
> ——本杰明·富兰克林

第四步：寻求支持

如果你的家人和朋友了解这份事业对你来说有多重要，他们支持你的可能性就更大。如果你能在实现自己目标的过程中也让他们参与进来，他们的积极性就会更大。

“我希望我们两个人能享受一次美好的假期，不需要因为费用问题而担心。”

“如果我能减少信用卡债务，我们每年支付的利息就可以省下 3 000 美元左右。”

“如果我们能换一辆路虎，我们就可以更多地享受全家旅行了。”

第五步：脚踏实地地努力工作

光对自己的梦想深信不疑是赚不到钱的。你工作的时间越长，所取得的进展就会越大。只要你一直坚持自己的目标，沿着预设的轨迹一路前行，你就会取得成功。不要受负面情绪或其他干扰因素影响而偏离这条轨道。无论这条路变得多么崎岖，你只要勇往直前就可以了。

有时候，你会觉得自己的事业发展就像一场障碍赛，这是无法避免的。这时候，你需要重新回顾自己的目标，找到打破这些障碍的动力。

> 如果你无法克服某个阻碍，那就改变你解决阻碍的方式！领导者不会寄希望于他人做出改变或局面发生改变。领导者的思路是：我必须做出改变！

如果你对自己要走的方向一清二楚，并且全身心地投入这次旅程中，你就会做好准备要求其他人加入这次旅程。接下来将讲述如何建立你自己的帝国。

专注的重要性

斯科特·门罗、辛迪·门罗

Thirty-One Gifts 有限责任公司联合创始人

我们人类要保持专注的状态并不容易。我们将其归咎为电视、互联网、音乐过于嘈杂，或者玉米糖浆中的果糖含量过高，还有这样那样的借口。但是，无法专注会给我们的事业和生活带来巨大的损失，它可能让我们感到疲劳、困惑甚至厌倦；可能让我们失去对事物的掌控。

我们身边总是充斥着各种噪声，因此我们的视野很容易变得模糊。但是我们还是要在混乱中找到焦点，然后有目的地一路向前。

你是否注意到，大多数真正经典的摄影作品，焦距会设定在一个人或一件物品上面？业余摄影人员可能会努力想让照片中的每个要素都在焦距之内，而经验丰富的摄影师则会缩小景深，将焦点集中在一件事物美好的一面上。

生活也是同样的道理。我们必须找到某种方式，缩小自己的“景深”，发现专注于一件事物的魅力。

生活中总有各种东西会给我们的专注力带来挑战。我们可能在一段时间内过于专注，可能在一件事情上专注太长时间，或者专注于错误的事物，因此失去了方向。

退后一步，审视自己到底有多专注于自己的事业。

- 日常工作。你是否难以决定需要首先处理哪项工作？
- 商务会谈。你是否仅凭在杂货店的一次短暂的交谈就销售商品、订购东西或招聘人员？
- 产品展示。你是否展示了太多的产品？你在每次展示之后，是否因为要将展示的产品整理好而觉得筋疲力尽？
- 产品演示。你是否给了客户太多选择，所以让对方有些困惑？
- 社交媒体。你是否分享得太多了？我们在这里会诚实得有些残忍。那些发帖过多的人或随机发送消息邀请他人加入最新游戏狂潮的人，不会受到任何人的待见。

- 团队培训活动。你是专注于团队最需要的事情还是方方面面？
- 陪伴孩子的时间。你是否注意到，孩子们在没有其他兄弟姐妹在场的时候表现得更好？你是否会给予每个孩子一对一的陪伴时间？
- 陪伴伴侣的时间。你是否因为电视、手机、一本有趣的小说甚至孩子而不再与爱人互动，不再像你们刚刚坠入爱河时那样亲密无间？

即使一些好事也很容易变成干扰因素。作为同时投身于这项事业的一对夫妻，我们经历了惨痛的教训，才知道干扰因素很容易带来毁灭性的后果。

•••

我们执行了一些简单的指导方针，从而保证无论是在工作时还是在家里陪伴家人时，都能够做到专注。

- 制定明确的目标。如果你对自己要走向何方一无所知，你就无法以有效的方式到达那里。
- 沟通，沟通，再沟通。让家人和朋友了解你需要将注意力放在什么地方，让他们进行相应的监督。不断开诚布公地交流，能帮助我们在家里陪伴家人时、在工作中和员工相处时，以及在和独立顾问相处时，在相应的身份之间寻找平衡。
- 做好一件事情，而不是将精力分散到很多平庸的事情上。有一句老话说得好：“样样精通，就样样稀松。”面对人生中五花八门的选择，这句话更有道理。没有任何一个人能做到无所不知或无所不在。你永远都不能在所有方面都出类拔萃，所以只要在几件事情上做到极致就可以了。

- 动脑工作。发挥自己的优势。集中注意力运用自己的优势，各种干扰因素自然就不会影响你。寻找那些自身优势和你互补的人，这样你就可以专注地继续做自己可以做得好的事情。我们在开创事业时发现，开派对后要付钱请别人来清扫房间。虽然布置派对和打扫房间需要的时间差不多，但是前者对时间的利用更有价值。
- 为各项资源制定预算。金钱、时间、情感、面对面的互动、睡眠，都很重要。如果你在任何一个方面有所疏忽，最后的结果都不会太好。
- 不要再拿自己和其他人比较。如果你总是担心别人在干什么，达到了什么程度，或者实现了什么成绩，你就无法做到专注。一味地纠结于其他人的生活或事业，会侵占你自己的宝贵时间和情感，对提升你的生活水平毫无好处。我们会因为他人在下级发展方面的表现或打破常规在微信上销售的做法而感到有压力，以至于忘记如何在自己的圈子中施加积极影响。
- 选择那些能带来改变的事。明智地投入自己的时间和精力，不要将资源浪费在自己无能为力或不会让你有任何进展的事情上。

- 精打细算。我们相信，人们之所以会进入网络营销这个行业，是为了挣钱而不是花钱。对于自己需要多少产品和材料才能支撑自己的事业，一定要做出明智的决定。
- 在合适的人员身上进行投资。要学会如何应对组织中那些依赖性超强的人。要一直鼓励他们，但是不要将时间浪费在为他们安排每件事情上。如果你在这个行业大获成功，你需要照顾的是整个团队。如果让一个人占据你所有的时间和精力，后果将不堪设想。

生命是一份礼物。人生苦短，不要困顿于一些无关紧要的事情。找到明确的方向，然后努力奋斗，最大限度地减少自己受到的干扰。拉近焦距审视生活，专心思考自己需要做些什么，让自己的事业变成一次能真正给自己、家庭和所在圈子带来满足感的经历。

第2部分

壮大自己的社交网络

第 3 章

发展自己的圈子

网络营销是一项需要投入情感的事业。我们之所以被这个行业吸引，是因为我们对自己的目标满怀热情。但是实现目标的过程通常并不是一帆风顺的。这一刻，我们还在全速前进；下一刻，我们就可能遭遇始料未及的障碍。

正是因为这个，网络营销人士才需要得到领导者的支持。这个领导者应该对这个行业变幻莫测的性质了如指掌。他会一如既往地支持我们，鼓励我们，引导我们，无论是在我们一帆风顺的时候，还是遭遇坎坷的时候。

网络营销的领导者从来不会低估自己对他人生活的影响。他们最大的满足感来自激励他人追求自己的梦想，并且在他们通往成功的道路上为他们提供指导。

如果你仅依靠产品来构建自己的事业，那么每当有新的、改进的或与众不同的产品问世时，你的事业都会受到冲击。如果你依靠金钱来铸就事业，那么总会有新的收入机会诱惑你的团队成员离你而去。

如果你将事业的重心放在人员上，他们就会觉得自己更加强大，留住的时间就会更长，表现也会更加优秀。打造自己的事业就像经营一个集体一样，让这个集体能够吸引出色的人才，并鼓励这些人才继续留在这个集体里。

我们对集体的归属感是非常强大的。我们最开心的事情是拥有相亲相爱的家人，拥有志同道合的朋友，在工作上得到同事的支持。将自己的网络营销事业当作一个集体来打造，吸引优秀人才的加入，让他们真正参与进来，并且激励他们不断成长。

人们加入你团队，原因各不相同。吸引他们加入的原因，可能是他们对你公司的产品或服务满怀热情，也可能是获得收入的机会。有些人会谨慎地考虑后做出决定，还有些人完全凭着一腔热血做决定。每位团队成员给团队带来的才干、状况、经验和预期都各不相同。

不管他们的动机怎样，最终决定他们如何对你所提供的机会做出反应的，是他们加入之后的经历。这些经历越让他们受益匪浅，他们就越难以离你而去——即使他们在事业上进入了缓慢发展或停滞不前的时期。我们可能因为接受了别人的邀请而前往某个地方，但是要想让我们留在这个地方，首先要让我们得到鼓舞，能参与其中，或者得到认可。

打造一个能满足成员社交、情感及财务需求的集体。这个集体应该能激励所有成员努力工作，鼓励他们认真学习，并且让他们热情成长。当他们积极地参与进来时，很少有人会业绩不佳或心不在焉。即使遭遇了挑战和挫折，他们也会坚持下去，而不是在每次遇到事情发展和计划有改变时就放弃现有业务或转而从事新工作。

你可以在当地建立自己的网络营销圈子，也可以覆盖多个省市，甚至其他国家。圈子的界定并不基于地理界限，而是基于我们与那些有着同样愿景和价值观的伙伴之间的情感联系。

很少有公司能认识到为员工建立一个具有高度包容性环境的重要性。它们的组织架构决定了它们不可能向每个人提供平等的机会晋升领导职位。你的职位越接近高层，更上一层楼的机会就越少。最可能出现的情况就是，你需要和同事展开激烈竞争，才能进入公司的管理层，这对一个以合作、关怀、协作为关键内容的组织来说，并非好事。

成功的网络营销领导者会致力于构建一个能支持每位成员成长并给予每个人平等发展机会的集体，并且以此为荣。一个集体应该能为有抱负的成员提供无限的发展机会，同时也应该认可每位成员的价值，不管他们的贡献是大是小。

将自己的事业设计成一个圈子。圈子中的每位团队成员都因其属于这个圈子而备感自豪，都能在鼓舞下努力成长，在鼓励下支持对方。如果他们意识到大家因共同的愿景而走到一起，他们就乐于相互支持和鼓励。

领导者经常向我提出的一个问题是：我花费了很长时间来支持自己的团队成员，但是我又能从哪儿得到支持？我不能和团队成员分享任何负面情绪，也不能在领导层发泄。那么我怎样才能获得帮助来解决我的问题？

正是在这种情况下，对志同道合的集体的归属感所凝聚的力量才会凸显。虽然周围有很多领导力和人际关系网小组，但是没有人和你公司的领导者面对的挑战一模一样。如果你找不到支持自己的团队，不妨创造一个！

蕾妮·霍恩贝克是 Stream Energy 公司的首席财务官。这家公司在不到十年的时间内，从一个网络营销机会起步，成长为全球前十五大直销公司之一。我邀请霍恩贝克和我们分享她的公司采取了哪些举措。

“因为我们的销售人员主要以男性为主，所以我们决定组织一次为期三天的‘女性的权力’静修活动，专门为我们的女性领导者提供支持。”蕾妮讲道。

这些领导者静修回来后开始实施的举措之一，就是决定相互扶持。她们意识到大家都面临着相同的挑战，因此在自己的团队之外组成了责任制小组，支持彼此实现自己的目标，并敦促彼此为自己的目标负责。

虽然她们不愿意在团队内部分享自己遭遇的限制，但在责任制小组，她们可以开诚布公地讨论自己面临的挑战。她们还将责任小组当作汇集技能与经验、更好地为团队成员提供支持的有效方式。

这些支持小组非常有效。很快，她们就不再满足于在网上见面，而是千里迢迢地乘坐飞机和对方碰面。“一些高管发起的活动，最终扩展到基层人员，这项举措有助于培养集体精神，这正是我们希望在全公司弘扬的。”蕾妮说，“我们正在思考如何支持组织内部的其他群体，如西班牙裔员工和千禧一代。”

要放弃网络营销事业很容易。你的团队成员在开始这份事业的时候就没有承担任何风险，因此即使他们决定另谋高就，也没有什么损失。要想阻挡他们离去的步伐，唯一的方法就是保证让他们的收获不局限于财务收益。

如果团队成员觉得自己的社交需求和情感需求得到了满足，他们就不会因为一时兴起而离你而去。他们会停下来认真权衡离开团队的真正代价。如果团队对他们的人生有重要意义，他们就不会离它而去。

我们的理念很简单：你的团队要让成员轻松加入，却难以离开。

网络营销领导者从不会高估自己对事业成功的贡献，也不会低估他人的贡献。他们会运用自己的影响力建立团队成员对产品、业务甚至自己的信任与信心。领导者希望自己所说的“你一定能做到”比团队成员内心的质疑声“这也太难了”更加振聋发聩。

你无法影响每位团队成员。每个人给团队带来的抱负、才干、情况及经验都各不相同。他们在事业上投入多少时间和精力，取决于他们对这份事业的渴望，以及他们愿意为其付出多少努力。即使最成功的领导者，也无法激发出团队成员身上原本就不存在的特质。但是，你还是能够影响很多人。你对一些人的影响力，可能是你根本无法想象的。

设想一下你希望自己属于一个怎样的集体。我敢肯定，你希望在这个集体里感受到其他人的接纳和包容，你希望在这里找到友情和支持，希望自己能得到鼓励继续成长并获得成长所需的力量。如果你的设想已经非常清晰了，就可以开始着手建立这个集体了。

现在，描绘自己希望被什么样的人领导。最可能的答案是，你希望这位领导者能够信任你，激励你胸怀大志，并且帮助你实现目标。这位领导者对你的关怀，绝对不是因为你做出的财务贡献。当你脑海中的画面足够清晰，那就开始努力成为这样的领导者。

第 4 章

打造积极向上、乐于尝试的文化

一个百战百胜的集体，是精心打造的，而不是唾手可得的，是同时具备明确的愿景和坚定的价值观的领导者苦心经营的结果。真正的神奇之处体现在细节上。采取积极向上的态度将自己的愿景转变为能给每位团队成员带来灵感和力量的体验。图 1 展示了如何将众多元素结合起来，打造一个成功的网络营销团体。

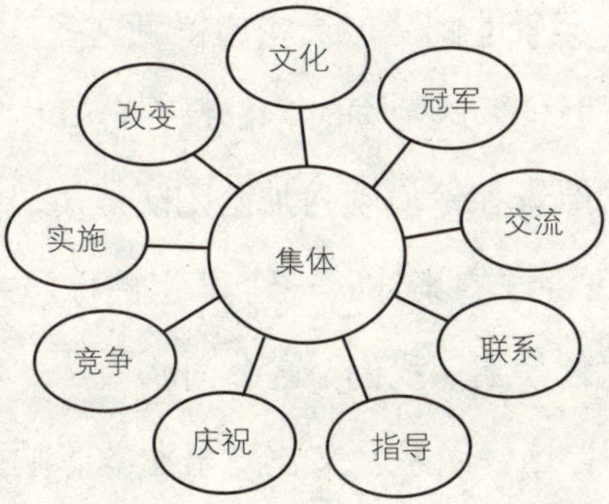

图 1　百战百胜的集体应该具备的因素

在后续章节中，我将向读者展示如何将所有元素融入业务中。下面从最重要的元素——文化开始。

我们可以将文化设想为集体的个性特征。如果人们身处一个鼓舞人心的环境中，身边围绕着乐观积极并且志同道合的人，每个人都能表现得更加出色。开始计划打造一个拥有乐观、积极、乐于尝试的文化的、充满活力的集体！

抓住每次机会，明确而坚实地表述你的愿景，努力建立你的存在感。永远不要浪费任何一次点燃自己团队成员希望、热情及信心的机会。你越是经常表达自己的愿景，这个愿景就越有可能深深扎根于你的文化当中。

永远不要向你的团队成员倾诉你的压力。这种做法不仅不够专业，而且经常会打击团队的士气。你要在他们的人生中扮演指明灯的角色。永远都散发镇定和乐观的气息，这和表现自己的成功感同样重要。

在任何一个集体，最有力量的一个词是“我们”。网络营销人士基本上都是无拘无束的人。我们不会屈服于任何规则或制度。我们寻求的是通力协作和包容性。年轻的团队成员希望得到这些。

在你每次使用“我们”这个词时，都是在分享你对集体文化的归属感，而不是将自己的愿景和价值观强加给团队成员。如何证明你已经成功建立了一个具有包容性的集体？一个确定性标志就是听到你的团队成员在讨论事业的时候使用“我们”这个词。

相比“感觉良好”这一因素，文化对事业的影响更大。文化才是你提高绩效、提升业绩的有效途径。

每份网络营销薪酬计划都旨在奖励能带动收入增长的行为。如果能将业绩预期和薪酬计划挂钩，你就能帮助团队成员从这份事业中获得最大限度的经济收益。而他们赚的钱越多，心态也会越积极。

将这些能转化为业绩的行动声明融入团队文化中。

- 我们每个月都会下单，以便保持活跃的状态。
- 我们永远都是自己最好的客户。
- 我们每个月都以最高佣金水平为目标。
- 我们不会等到月底才下单。
- 我们为所有人提供服务。
- 我们的目标是获得每项奖励。
- 我们参加每次团队会议。
- 我们也会参加正式会议。
- 我们会通过参加展会或供应商活动来维系我们的关系网。

你能给予一位团队成员的最高赞誉，就是为他设定较高的期望。这是证明你信任他的最终体现。

并不是每位成员都有意愿或有条件达到你所设定的高目标。你也并不需要让每个人都达到你的预期。如果你能激励大多数团队成员更进一步，你个人的事业就会因此而受益。很多卓越的领导者会告诉你："我刚开始创业的时候，只是按照上级的指示去做而已。"

你的团队文化越明确，被团队中意志不坚的成员影响的可能性就越小。下述几条指导方针有助于保证所有团队成员在朝个人目标努力的过程中能享受公平的竞争环境。

（1）我们彼此尊重。

（2）我们相互支持。

（3）我们认可每位团队成员的贡献。

（4）我们永远都保持专业水准。

（5）我们永远保持愉悦的工作心态。

（6）我们永远保持积极的心态。

（7）我们绝不八卦。

（8）我们会私下里解决分歧。

最重要的是，不要让那些身心俱疲或想法负面的团队成员的声音压倒你的声音。整个集体的士气，就取决于这一点。

思考一下你的团队文化会对团队里的新成员带来怎样的影响。你希望对方形成什么样的第一印象？如果整个团队的氛围死气沉沉，或者新成员能感受到团队不同级别成员之间的敌意或争执，他们可能怀疑自己加入团队的决定是否明智。充满活力的文化能够印证他们加入团队这一决定的正确性，并且让他们从一开始就充满干劲和激情。

如果你的团队已经失去热情，打破这种局面的唯一方法，就是寻找新的团队成员。你无法在一夜之间改变成员的态度。要想让那些士气低落的成员重新燃起斗志，最好的方法就是引入新的团队成员。他们的激情和热忱，必将提升其他团队成员的士气，或者帮助他们继续前进。要想在不引入任何新人的情况下让一个网络营销团队重新焕发生机，基本上是异想天开。

加入团队的每位成员，都将自己的梦想交到了你的手中。他们需要确信能依靠你带领他们走过整个征程，最终实现他们的梦想。没有人希望被一个犹疑不决的人领导。我们要的是信任、确定，还有最重要的一点——清晰。

如果你能明确而坚实地传达自己的文化，你就会成为更有影响力的领导者。

建立一份有灵魂的事业

鲍勃·希普尔

Damsel in Defense 公司首席执行官

在我儿子还是美国空军的一位F16飞机飞行员时，他的工作就是为精英团队培训飞行员。在参观基地的过程中，我看到了建筑物上的一幅壁画，上面写着两个巨大的字："闪耀"。下方是这句话：打造领导者，推崇正直、无私服务和追求卓越。

美国空军培训项目的目的是选出有目标、有动力的个体，将他们打造成将荣誉感、团队精神和军人意识作为核心价值观的世界一流的飞行员。要想建立一份成功的网络营销事业，同样也需要立足于上述这些价值观。你的工作就是选出有目标、有动力的个人，把他们打造成服务至上的领导者。

你所从事的事业并不是以销售为基础的，而是以人力为基础的。如果你能发掘并培养那些有天分的销售人员和招聘人员，并且让这些人员以团队为单位培养出更多同样将正直、无私服务和追求卓越作为核心价值观的领导者，你就会实现突飞猛进的发展。

打造一份有灵魂的事业，不仅仅是尽最大努力多赚钱，也不是把团队中的所有成员都看成齿轮上的锯齿，能给你带来源源不断的财富，而是让团队成员的生活发生变化。如果你能做到这一点，那么你想赚多少钱，就能赚到多少钱。

卓越的领导者知道，自己的成功与团队成员的成功密切相关。团队成员大获成功之际，也是领导者功成名就之时。

真正流芳百世的人，不是富可敌国的人，而是为社会做出巨大贡献的人。你的网络营销事业就给你提供了一个机会，让你可以通过打造一份有灵魂的事业，给上千名员工的生活带来积极影响。很多人以为，只要产品质量过硬，事业自然就会做大。产品确实对事业有所帮助，但是你也可以回想一下上次去饭店用餐的遭遇。如果饭店的食物让人赞不绝口，服务质量却令人不满，你就会产生“绝对不会来第二次”的想法。

对你而言，至关重要的产品，就是给予人们实现梦想的机会。给他们一个能建立归属感的集体，永远不要放弃任何一次帮助他们成长的机会。无论是产品还是薪酬计划，都能被其他人模仿，但是如果你拥有适合自己企业的文化，他人就很难仿效。

一项杰出的事业，立足的基础是人，而不是利润。如果利润是你唯一的关注点，那么你所做的每个决定都和钱息息相关。如果这种态度渗透整个团队，就会对你的发展产生负面影响。我们要先将重点放在“人”这个要素上。做到了这一点，利润自然也就来了。

任何事业中最有力的因素，就是“人才的力量”。无论你的产品多么出色，无论你的公司看起来蕴藏着多么大的潜力，决定你未来事业成败的，永远是团队成员的努力、奉献和成功的程度。

第 5 章

与团队成员在社交媒体上互动

没有任何一个平台比团队的微信公众号更能一目了然地展示团队文化了。微信公众号相当于团队的颜面，而微信群是团队成员可以和你互动及彼此互动的地方。一定要保证你们的公众号能将团队活力十足的文化展现得淋漓尽致，同时要向每位访客传递一个鼓舞人心并且让人干劲十足的信息："欢迎来到我们这个战无不胜的团队！"

很多时候，我接受某个社群的邀请后，发现欢迎我的只是一份通知，介绍"本群规定"或 "发帖需经管理员审核"等。这种遭遇总会让我的满腔热情在一瞬间消失殆尽，因为这就代表领导者已经无法控制这个集体了。

如果我看到领导者放下身段请求大家反馈，我的感觉也是一样的。如果你的团队成员没有做出任何反应，你就应该明白，

这是因为他们根本没有参与进来。面对这种情况，你需要提醒自己不能期待别人做出改变，能改变的只有自己。

经常更新自己的封面照片。即使某张照片再能鼓舞人心，它的光环也会随着时间的推移而消失。让你的页面总有新内容，让人们总能找到关于新产品、下次激励计划选择的度假胜地或召开年会的城市的照片。

将积极向上、鼓舞人心的宣言传播到团队的每个角落。

- 我们永不言败。我们要么大获全胜，要么有所进步！
- 你的事业不是唾手可得的。要想得到，就要付出努力！
- 要想克服焦虑感，唯一的办法就是采取行动！
- 你能犯下的最大错误，就是害怕犯错！
- 失败只是暂时的。放弃才会让失败成为永恒！
- 如果你因为没有从事某项工作而没有实现某个成果，无须为此难过！
- 如果想去做，总能找到方法；如果不想去做，总能找到借口。
- 如果值得拥有，就一定值得付出努力！

一些看起来荒谬却隐藏了真理的话，同样也是表达要点的好方法。

- 我今天本来打算改变世界的，但有些引人注目的事情吸引了我的目光！
- 如果你首战告捷，不要让自己看起来很惊讶！

将这项任务作为一项团队工作。鼓励所有团队成员分享自己最喜欢的宣言和名言，这种做法可以巩固团队是一个战无不胜的团队而不是一个怨声载道的团队这种认知。频繁地强调每位团队成员取得的成绩，每次对他们的成绩提出表扬时，都邀请他们来分享自己在工作中的小窍门。

拍摄一些短片上传到自己的朋友圈，或者发布一些允许分享的视频。如果一个人总是在重复同一句话，可能被视为强行推销。

让所有团队成员都有机会站到万众瞩目的中心来分享自己的故事。让那些业绩表现不突出的员工也能够有所表现，而不仅仅是那些业绩靠前的成员，表明你看重每位团队成员。每次有团队成员晋升到新的级别时，不要忘记极力宣传。

一切都要为事业服务。不要让团队页面上放满了个人故事或与事业发展毫无关联的话题。

如果我收到了向慈善机构或某个项目的捐款邀请，我的反应就是直接按下删除键。这样做并不是因为对此漠不关心，而是因为对方选择了错误的平台。如果你拒绝在团队页面上支持某个项目，并不表明你抵制这一项目本身。你所拒绝的，只是对方使用的不恰当方式。

在捍卫团队文化的过程中，要敢于采取坚定的方式，否则可能影响团队士气。那些长篇大论的、自说自话的帖子，应该被立刻删掉。一个人在某天遭遇不顺，不代表他有理由让所有人都陪着他心情低落。如果你看到了“我打算放弃现在这份工作，把我的一些存货抛售出去”类似的话，你唯一的回应应该是马上把这个人拉黑。

创建制胜文化的关键

汤姆·盖恩斯和凯利·盖恩斯

Pink Zebra Home 公司联合创始人

网络营销永远都代表一个充满潜力的机会。为了最大限度地发挥自己的潜力，你需要整个团队的成员都和你一样对某些事情深信不疑，而且愿意和你共同努力，创造制胜文化。

在打造事业的过程中，我们很快就发现，要想创建制胜文化，有3个关键要素是不可或缺的。

1. 你的行动会成为你的文化

针对如何对待彼此，要设定高标准；并且让自己的行动和信念保持一致。领导者应该想方设法地为团队成员实现梦想而服务，并总是心甘情愿地付出额外的努力，尽可能为成员提供最佳体验。

创立公司之初，我们无法承担召开正式会议的成本。但是，我们知道，团队成员需要一次这样的集会。因此，我们租用了一辆长达8米的卡车，把卡车装得满满的，带上全体员工和他们的家人，从我们在得克萨斯州的办公室出发，开了整整22小时，才到了佛罗里达州的会议场所。接着，我们亲自完成了所有的布置任务，让所有人有了一段刻骨铭心的经历。你的文化取决于你做了什么，而不是取决于你说了什么。

2. 剔除和你的文化格格不入的人

如果你发现有人对你的文化产生了威胁，就一定要将他们剔除。仅仅制定明确的标准还远远不够，你一定要有坚定执行标准的意愿。对于违反标准的人，你可以私下里针对其违反标准的行为和他展开讨论，但最终，你还是要采取行动。你应该立即找到问题相关人谈话，但切记不能在公开场合这样做。

如果有人在你们的社交论坛上大吐苦水或对其他人展开言语攻击，你应该毫不犹豫地拉黑他们。如果你设定的标准是透明的、不打折扣的，那么你的成员就会团结在你的周围。如果你看到团队成员像你一样不遗余力地捍卫你们的文化，你就会知道自己已经成功了。

3. 会议是你的文化的氧气

早些年，我曾经创办一家餐饮公司，专门为高级公寓举办的社交活动供应食品和饮料。

我很好奇这些公寓所有者为什么愿意在住户身上花这笔钱，于是，我询问一位公寓经理他们能从这些活动中获得怎样的好处。她回答说：“如果住户在这种活动上遇到了朋友，他们会续租。”

我们把这种方法引入自己的业务中。我们会到全球各地参加聚会，为人们提供一个可以相互交流、彼此学习的平台。原本只在微信、微博等社交媒体上认识的人终于见到了彼此。我们通过这种方式巩固了上千个从网络上萌发的友谊。

作为领导者，你面对的首要挑战，就是让成员们参与进来。你可能无法像大公司一样，为员工举办大规模的活动，但是你可以给予他们真正在意的东西。你可以以此为出发点，巩固和加强与他们之间的关系。

第 6 章

打造健康的关系

健康的文化会影响你的团队成员在所有业务关系中如何互动，以及他们如何与合作公司、客户和竞争对手互动。

文化与企业

对任何网络营销业务来说，分销商与合作公司之间相互尊重的关系对取得成功至关重要。双方都从事这个行业，都要全力以赴地保护这段合作关系。不要纵容“他们和我们”这种明确划分界线的态度。

只有拥有健康的关系，才能打造健康的事业。对这方面不要放任不管。要持续、坚实地强化团队成员与公司之间这段合作关系的价值，具体方式是强调下述几点。

- 我们阅读公司的所有沟通材料。

- 我们参加每次公司培训。
- 我们利用公司工具和资源。
- 我们拥护公司的各项举措。
- 我们参加公司的各项活动。
- 我们坚决拥护公司的各项政策。
- 我们休戚与共。

将公司的举措和活动作为企业的核心。在整个组织中大力宣传这些举措和活动。如果能以专业的方式对其加以利用，就能够借助这种性价比高到不可思议的途径来推动自己的事业发展。

合作公司的有些做法可能让你无法苟同。公司有时也会犯错误，或者推行让人深恶痛绝的变革。管理层变动也是在所难免的。公司负责人必须制定一些艰难的决策，从而跟上市场的最新创新和变化。这是他们的职责所在。

如果团队成员能给予公司 100%的支持，他们就不会因为自己无法控制的决定而分心，或者陷入根本没有任何意义的讨论中。一定要不断向团队成员传递这样的信息："公司永远都将我们的最佳利益放在心上。"这样，你的团队成员就会学着接受这样一个事实：没有任何一家公司每次都能采取正确的行动，也不能始终都让每位分销商满意。

文化与客户

关怀客户是我们的工作。在这方面的指导方针越明确，团队成员将客户照顾好的可能性就越大。

这是只使用“我们”这个词能带来的效果的又一例证。成熟的指导意见能消除各种猜测，让成员明确知道如何照顾好自己的客户。例如：

- 我们要让他们知道我们对他们心怀感激。
- 我们愿意加倍努力让他们满意。
- 我们每次销售商品后都会进行电话回访。
- 我们会定期联系。
- 我们不会给客户压力。
- 我们会定期给他们发送新闻、建议和产品宣传材料，维持他们的兴趣。
- 我们为客户提供商业机会。

因漠不关心而流失的客户，要比被竞争对手抢走的客户还多。如果你没有照顾好自己的客户，他们就会另找能照顾好自己的店家。

文化与竞争对手

我们这个行业最引以为傲的成就之一，就是秉持合作与关怀精神。直销公司甚至会共同制定自我约束的行为准则，这种准则的标准远高于政府的监管制度。作为领导者，你的职责之一就是为了整个行业的利益贯彻这种精神。你如何展示自己的行业，如何处理与竞争对手的关系，都是衡量你的可靠程度和正直程度的标准。

你无法时刻都和团队成员在一起。你要依靠团队成员将文化传播到他们所在的集体。因此，你传递的信息一定要非常清晰。

- 我们尽可能从其他网络营销人员那里买东西。
- 我们永远不会中伤自己的竞争对手。
- 我们不会向在其他公司表现活跃的分销商提供业务。

如果团队成员了解这背后的原因并能感同身受，他们就会坚定地信守这些严格的指导意见。我利用下面的信息，来巩固“我们荣辱与共”的信念。

- 抹黑竞争对手的同时，你自己的形象也会受到影响。
- 批评竞争对手就相当于伤害他人，这个人和你一样，都在苦心经营着自己的事业。
- 把自己的产品和其他产品进行比较，就会让客户注意到你的竞争对手。
- 抨击竞争产品时，客户会觉得你这样做是因为感受到了来自竞争对手的威胁。

“我们的产品才是最好的”，这样的信息早就过时了。客户想了解的是有关产品的具体信息，你的产品如何让他们觉得更好。他们想知道你的服务如何给他们带来生活上的便利，如何为他们省钱。如果他们有兴趣和其他产品或服务进行比较，他们会自己研究。

文化与冲突

在任何一个包含了多种性格特征的集体中，偶尔的冲突都是在所难免的。下面 10 条建议有助于更好地处理一些敏感情形，同时让你保持头脑清醒。

1．主动寻找解决办法

这是你的事业。即使问题并不是你造成的，你通常还是需要参与解决问题。级别制度的微妙关系很容易干扰你的注意力，而且冲突拖得越久，对所有团队成员士气的伤害就越大。你越早找到解决方案，大家就可以越早地回去安心工作。

2．认真倾听，不要妄下判断

很多时候，你会发现人们想要的并不是建议或批准。他们只是希望让别人听到他们的说法。

3．不要有任何偏袒

在寻找解决办法的过程中尽量让所有相关方都参与进来。问每方这样的问题："你觉得我们应该怎么推进？"

4．愿意妥协

很少有绝对的对错。把自己定位成一个协调人，帮助双方找到妥协办法。

5．避免当面冲突

如果你开始觉得自己有些感情用事，或者要冲动行事时，赶紧深吸几口气。出去走一走，或者干脆倒头大睡。无论做什么，只要让自己在采取下一步行动之前能够重新回到冷静的状态就可以了。

6. 不要陷入冗长的“她说”、“我说”的交流方式

第一个停止这种表达方式的人总会获胜。

7. 不要让事情变成个人冲突，也不要将事情理解成个人冲突

大多数人头脑发热时都会说些过后让自己后悔莫及的话。

8. 有时最好的做法就是什么都不做

这一点是我从经验中学到的。有些冲突会转瞬即逝，如果你不做任何干预，反而会解决得更快。不要对冲突视而不见，但是，如果你觉得各方的火气已经开始消散，就千万不要做煽风点火的事情。

9. 原谅

如果你总是心怀怨恨，就相当于让对方掌控了你的情绪。只有原谅对方，你才能够继续前进。

10. 防患于未然

你的团队文化越是坚不可摧，发生冲突的次数就越少。要时不时地传达文化，在必要时强硬地加强文化建设，以下面这些方式来加强文化建设。

“我们是一个事业大家庭。我们会像其他家庭一样彼此守望相助。”

“我们不会将争议看作针对个人的行为，我们也不会将争议转变为针对个人的行为。”

"我们接受彼此，也尊重彼此。"

事情顺风顺水时，任何人都可以充当领导者的角色。但是只有你应对危机和挑战的方法才能决定你是不是一个真正意义上的领导者。最重要的是，保留自己的观点！每个团队都有个"疯子"。如果你觉得没有，可能你就是那个疯子！

•••

随着你的团队不断发展壮大，一个定义明确的文化就将成为决定你成功的关键。如果你手下只有几名团队成员，大多数状况都可以边发生边解决。而如果你的团队有几百名成员，他们的性格特征、视角和情况会各不相同。如果没有建立定义明确、执行清晰的团队文化，你很容易就会失去对团队的控制。

在企业和团队成员中间建立并孕育一种充满活力的文化，让每个人都激情参与、渴望奉献、茁壮成长。

第 7 章

言出必行

网络营销没有高管职位，只有销售和领导职位。这两项工作，你都要自如地掌握。

网络营销的“必杀技”就是复制。而要想领导好自己的团队，唯一可靠的方法就是言出必行。你身体力行设立的榜样，会直接影响团队成员的表现。因为领导者什么样，团队就什么样。

领导团队时，要让自己成为这个行业中的冠军。冠军就是行为榜样。他们总是身体力行地展示打造营收六位数事业的具体方法，那就是朝着目标前进，坚持履行核心工作。

尽可能在行业第一线多花些时间，永远都将重点放在下面这 10 项最富有成效的活动上。

个人活动：

- 打理自己的关系网；

- 发展新关系；
- 安排约见；
- 推销自己的产品；
- 服务自己的客户；
- 物色新团队成员人选；
- 发展新的团队成员。

团队活动：

- 帮助新成员；
- 培训所有团队成员；
- 培养未来的领导者。

这张清单并不是一道多项选择题。你需要践行所有的活动。如果你的事业存在问题如你的团队成员人数不足，就一定要优先处理能解决这一问题的工作，也就是发展新成员，并对他们提供帮助。要想建立健康的事业，就要在正确的时间处理正确的工作。满腔热情确实能激励人启动事业，但是想要继续留在这个行业，还需要借助原则。如果不能采取坚实、有目标的行动，你就无法推动自己的网络营销事业继续发展——不仅仅是在顺风顺水时，而是在任何时候。

如果你工作在行业第一线，就会更好地与客户、潜在员工和团队成员沟通交流。这样的工作经验能让你成为设身处地为团队成员着想的领导者，而你的成绩可让你成为团队成员眼中更有说服力的领导者。

无论是在家就业还是在外面工作，没有任何人每天都能做自己喜欢的工作。但是，做自己需要做的，而不是想做的，在任何行业中都是区别战斗者和抱怨者的标准。你只有愿意做自己需要做的，才能得到想要的结果。

现场演讲时，我经常问听众：“谁喜欢打电话？”大多数人都很坦诚，打电话是他们最不喜欢的工作之一。于是我总结说：“网络营销人员只有两种，一种是讨厌打电话的人，另一种是骗子。”听众听到这里，都会哄堂大笑。

但是，如果你的工作日程上并没有安排很多面谈，打电话就成了你要优先处理的工作。如果没有面谈，就没有生意。

只有在正确的时间做正确的事情，你才能成长壮大。我们之所以拿起电话，是因为我们需要这样做，而不是我们想这样做。

自己当老板有很多好处，最大的好处就是你只需要对自己负责。但是你同时也面临诸多挑战。如果躲避关键工作，你就需要承担后果。你的团队成员也会因此受到影响，因为他们的领导者并没有树立一个可以让他们遵循的榜样。

你应该成为团队成员需要的领导者，这是你对团队成员的责任。冠军知道他们需要出现在第一线才能实现持续发展，也不会逃避自己对客户、团队成员或自己的责任。他们自觉并坚实地保持言出必行。他们的名字经常出现在公司最佳销售者排行榜上，也经常在会议上登台领奖。

在个人活动和指导团队成员两方面平均分配时间。如果你不能持续扩充自己的团队，就会面临两种风险。

第一，如果你的团队绩效不达标，你就没有足够的销量来维持自己的级别，也无法获得与销量挂钩的奖金。

第二，你手下业绩最好的团队成员自己也成为领导者。他们的分销商（以及他们发展的下级分销商）现在就会形成一个新的“分离”团体。如果发生了这种情况，你的团队会受到打击。导致营收下滑的最常见原因，就是领导者无法跟上手下最佳销售员的成长速度。所有的薪酬计划都要求领导者要同时达到个人销售目标和个人团队目标，才能从分离团队所产生的销售额中分红。

要想评估自己团队的实力，一个简单的方法就是减去业绩排名第一和第二两个成员的销售额。如果你发现扣掉他们的销售额后无法达到销售额要求，那你就需要吸收更多的团队成员。达到维持现有级别销售额要求所需要的人数越少，就说明你的业务脆弱程度越高。对任何网络营销业务而言，唯一的保障就是用数字说话。

一流的网络营销领导者，手里总是至少掌握十名有希望发展为团队成员的人选。他们知道，事业就像旋转门一样，无法保持一成不变的状态。因此，他们要想维持自己的级别和奖金，只能依靠自己。

无论你的团队成员表现是好是坏，个人活动是你的事业中你唯一能完全掌控的一部分。而且，你可以借助个人活动向团队成员展示，这项事业是有发展前景的——前提是要你付出努力。

在处理团队目标之前，首先要实现个人目标。每月利用上半月来处理个人活动，利用下半月来指导你的团队。

优先处理你的个人业务并不意味着忽略团队成员。他们通过你这个榜样学到的东西，比任何解释都要多。而且，他们会信任一个能从他们的角度出发的领导者。

每个月都设定可以衡量的个人业绩指标，以这种方式为团队成员树立榜样。

- 我要拿到最高的个人销售佣金。
- 我至少要指导两个团队成员。
- 我要超过现有职位的最低要求。
- 我要获得公司提供的每项激励。

冠军知道怎么做，也会让团队成员看到应该怎么做。用你的个人业绩为雄心勃勃的团队成员设定标准。用这样的信息来激励他们：比成为每月冠军更让我激动的事情，就是你们中的某个人可以超过我。

第 8 章

拥有有效的联系人清单

对任何一项健康的网络营销事业来说，最重要的因素之一，就是一份出色的联系人清单。任何一位领导者如果听到团队成员抱怨“我很难约到客户面谈”，都会觉得有些心寒。

如果网络营销人员的客户约见表上一片空白，他就处于随时可能被扫地出门的境地。最简单的选择永远都是放弃。事实上，大多数人都是这样做的。在所有的网络营销人员中，有一半不到三个月就退出了；4/5不到一年就另谋职业了。

网络营销行业的人员流失率高居不下，原因很简单。大多数分销商利用自己的交际网络启动事业。但是如果他们没有掌握如何在将那些全力支持的亲友关系利用殆尽之前开发新的人际关系这门艺术，那么他们就注定在事业上碰壁。其中大多数人在事业受到打击后都没能坚持下去。

不要让你的团队出现这种情况。扩大自己的交际网络，并且约到客户，是新分销商一开始就应该掌握的几项技能之一。将这项技能培训作为你辅导新分销商的一项重要内容，并且经常带领所有团队成员重温这一主题。你可能一个面谈预约都没有，但是如果你还有客户可以联系，你的事业就不会结束。

按行业平均水平计算，每打十个电话平均可以约到三个客户，其中有一个会成为团队的新成员。

如果一周见三个客户，一年就有 150 个新客户。如果有人介绍或引荐，就可以让这个数字翻几倍。

成为维护现有关系和发展新关系方面的冠军，为团队成员树立榜样。要想持续发展自己的关系名单，有 15 条策略可以使用。

（1）将目标设定为每天至少在名单上添加一名新联系人。如果名单总是没有变化，你就没法顺利工作。

（2）养成发展新关系并维护现有关系的习惯，就好像每天刷牙一样。如果你每天打十个电话，每周五天，每周就可以联系到 50 人。

（3）永远都保持敏锐的触觉，发展新关系。如果你开明、温和、友善，无论走到哪儿都会遇到新朋友。

（4）每次在活动上或其他场合交到新朋友，都要马上将他们的联系方式保存到手机上（一个简单的方法就是把自己的手机交给对方，说："把您的名字和号码输进去，这样下次您来电话，我就知道是您了。"然后在 24 小时内发短信给对方："非常高兴认识您"，并在这条信息的后面加上自己的姓名）。

（5）定期联系名单上的联系人（他们之所以被称为“联系人”，是有一定道理的）。

（6）不要因为没能在短时间内取得成效而产生不耐烦的情绪。关系网需要一定时间的定期联系才能发展。即使每通电话都是以销售产品为目的的，也要穿插一些有趣的新闻、建议和信息。如果你总是采用推销模式，很快就会让对方厌烦。

（7）每次成功销售产品后，都要进行电话回访。每次客户在你的网店上下订单，都要发送一条致谢短信。这是必须的。表达自己的感激之情，不仅会拉拢回头客，还会让客户把你推荐给别人。

（8）为客户提供优惠活动或将提前订购客户视为 VIP。让他们知道你对他们的忠诚有多感激。询问他们的反馈，每个月都打电话追踪客户的进展，并鼓励对方坚持使用。定期给客户发送一些小贴士和使用建议，并且邀请他们参加包括新品展映会在内的特别活动。

将提前订购客户视作理所当然的存在是一个致命的错误。任何其他分销商都将他们视为争取的主要目标，承诺向他们提供更大、更好、更便宜或从科学角度来看更具有说服力的产品。

忠诚是非常脆弱的。要让提前订购客户没有任何理由取消订单，并有各种理由继续订购。对待他们就像对待自己的团队成员一样。让他们进来容易，退出难。具体的方式就是把注意力放在经营上述关系上面，这是最重要的。提前订购客户也是你最宝贵的资源，他们可以将你介绍和引荐给其他人。

从整个行业来看，提前订购客户维持订单的平均期限是三个月。如果你没有给予他们这些客户 VIP 待遇，他们就会流失。

（9）抽出更多的时间来经营自己的圈子。你在这个圈子里出现的时间越长，就越容易搭建新关系。人们越经常看到你，就会越信任你，尤其当你开始尝试赢得对方关注很久之前就主动关注对方时。

（10）让人们知道你是谁，怎么找到你。把你的车改造为一个移动的广告牌。随身携带一摞名片、样品和宣传册。

（11）如果你的联系人名单混乱不堪，每天抽出30分钟的时间进行整理，直到这个问题得到解决为止。糟糕的记录将导致糟糕的表现。

（12）跳出固有模式来寻找建立新联系的方法。机会无处不在。有些时候，你只要深挖就可以找到机会。

下面介绍三位具有进取精神的分销商是如何在人口稀少的社区搭建关系的。

有位分销商住在一个农业小镇。她要求自己的农村送货员给所有来到小镇的新家庭送上一份表示欢迎的产品套装，套装里包括几样产品。她之后再打电话联系时，对方的反响通常很热烈。

另一位分销商也住在一个小镇，他鼓励每位团队成员为家人和朋友举办派对，将订购产品作为馈赠家人和朋友的礼物。因为公司直接将产品寄送给客户，所以这为乡村客户提供了一种方便而经济实惠的购物方式。

还有一位分销商住在偏远的矿业小镇，大多数人只是在这里暂住。她发现自己总是需要搭建新的关系网。于是，她发起了每周一次的“公园游玩”活动，并且大肆宣传。新搬到镇上的家庭可以利用这种非正式的活动带着自己的孩子和其他家庭见面。她的创造性举措带来了收获。这种欢迎新家庭的行为很快让她结识了新朋友，也获得了新客户。她还通知了媒体，当地报纸在封面故事中刊登了她的故事，还附上了一张活动的照片。她最大限度地利用了自己的现状来扩展业务。当她的客户到另一个城市定居时，她的业务也会在那里扎根。

采取有创意的方式来搭建新关系，并不是人口稀少地区的分销商的专利。一位具有进取心的分销商走进当地的一家电子产品商店，利用店里的网络将自己的网店页面上传到所有的电子产品屏幕上。她到家的时候就已经接到了订单。她给这位下单的客户打电话表示感谢时，发现对方是在商店工作的一位销售助理，正在为女朋友订购生日礼物。

如果考虑到进入所有新建立的联系圈能带来的潜在业务，发挥创新精神的收获是无穷无尽的。

（13）赞助少年运动团队。你的投资可能很小，但是几乎可以确定的是，你能见到这些少年的父母。而且，参与家庭活动表明你在经营一份家庭至上的事业，这种方式比“我们的事业将家庭放在第一位”这种口号更有说服力。

（14）请别人将自己介绍和引荐给其他人。但是请求一定要具体。如果你销售的是健身产品，可以请别人把你引荐给正在健身的人、喜欢户外活动的人、从事体育锻炼的人，或者正在参加训练的人。但是不要采取过于笨拙的方式。提供一份样品或试验装，询问对方的反馈，别着急，慢慢来。

（15）参加每场社交活动或商业活动。你结交得人越多，赚的钱也就越多。

你认识多少人？根据《纽约时报》刊登的一篇文章所述，平均每个人大约认识 600 人。因为网络营销人员的工作就是结交关系、搭建关系网，所以大多数网络营销人员认识的人是这个平均值的好几倍。

第 9 章

最大限度地发挥社交媒体的潜力

自从网络营销这个行业诞生以来，社交媒体给从业人员带来的助益最大，因为它们提供的联系方式多到了令人难以置信的程度。

2013—2014 年，我帮助一家美国公司在澳大利亚开设业务。当时，我在最先加入的 500 名员工中进行了调研，询问他们是通过什么渠道知道该公司的。

除了由认识的人邀请、介绍或推荐这些传统方式以外，受访人员的反馈包括在《星球大战》和《糖果大爆险》的粉丝专页上碰到，因为孩子在同一天出生、生日是同一天或姓氏一样而相识。

有些人通过加入社交网站找到最早一批分销商，还有一些人通过创建社交网站。其中的道理很清楚：你永远不知道哪种方法行得通，所以所有的方法都要尝试一下。

下面 7 个基本步骤将帮助你最大限度地挖掘社交媒体的潜力。

（1）在社交媒体上寻找潜在联系人，然后在相应的平台加入他们所在的群体。如果他们移到其他平台，跟随他们一起。

（2）在保护敏感细节信息的前提下，尽量多地在个人网站上公开信息，让之前的联系人和新建联系人都能很容易找到你。

（3）确保人们在你的社交媒体上一下子就能看出来你和哪家公司合作。如果人们核实你的信息，他们能知道自己找对了地方。

（4）给你的联系人一个在社交媒体页面上关注你的理由。

- 以生动活泼的形式提供信息和想法。
- 具有激励作用的宣言、名言和视频剪辑。
- 人气产品与服务的主要好处。

（5）给遇到的每个人发送加为好友的请求，并且附上友好的信息，让他们能想起你是谁，以及你们是如何遇见的。在发送信息之前抽出几分钟的时间，寻找双方的共同爱好，添加到信息里，如“我也是巨人队的球迷”。不要试着向他们推销任何东西。因为这并不是发送生意信息的好时机，除非你想给对方留下傻瓜一样的印象。

（6）使用社交媒体的搜索功能寻找兴趣、背景和情况与你相似的人。例如，同年毕业的同学，有共同爱好的同学，或者和你喜欢同一种东西的同学。

（7）做好准备工作。

下面举例说明什么事情不能做。

> 亲爱的玛丽，您是否介意抽出三分钟的时间听一下我刚刚的电话留言，并且给我反馈？我会非常感激，因为如果能有这样的机会，我将很激动。

这正是我之前收到的一条信息。每周，我的社交媒体账号都会收到几条类似的信息。到底什么地方不对？这样的开场白有两个问题。

（1）写信的人根本没有尝试了解关于我的任何信息。

（2）写信的人根本没有尝试和我真正地沟通。

发送信息的人只需要抽出两分钟的时间进行简单的搜索就能发现很多关于收信人的信息。考虑到这一点，这种毫无诚意的套近乎方式实在没什么好在意的。

凯伦·克拉克是一位社交媒体专家，也是 My Business Presence 的拥有者。我邀请她和大家一起分享提升自己在社交媒体上曝光度的最佳策略。下面是她的主要建议。

（1）找到合适的关键词。思考一下，你的潜在销售对象在描述自己面对的问题或寻求的解决方案时，会在搜索引擎中输入哪些字或词组。如果你能使用这些词语，就能让他们很容易找到你。你所使用的词语和他们使用的词语之间的匹配度越高，你找到的人就越多。如果你也不确定从哪儿入手，网络上有很多免费的关键词搜索工具，都能帮上忙。

（2）最大限度地利用你的“介绍”页面。大多数社交网站都会为用户提供空间，来介绍自己的业务、产品和服务。利用这个空间来分享你的个人故事，究竟是什么因素吸引你加入这个行业。人们对你的了解越多，他们对你的信任就会越深。另外，你的故事还可以提供更多词汇，搜索引擎可以借助这些词汇将你和潜在销售对象匹配起来。

（3）选一张好头像。你的简历照片是网站访客对你和你的事业的第一印象。用一张清晰的照片，背景中不要有干扰注意力的因素。对照片进行剪裁，使它正好匹配空间大小。如果你的头像只能显示一半，看起来就不太好。

（4）视觉展示上要做到前后一致。在所有的社交平台上都使用类似的照片，这样人们才容易认出你。不要忘记遵守公司有关形象塑造、个人品牌经营及公司标志使用的制度。

（5）将重点放在一个网站上。如果你能在一个社交媒体网站上表现出色，比尝试同时经营所有社交网站取得的效果更好。如果你在多个网站上都有账号，可以时不时发布相同的帖子。如果你看不到成效，可能代表你的潜在销售对象已经移到了其他地方。如果在所有社交平台上的努力都失败了，可以直接问他们到底去了哪些网络平台。

（6）使用商业页面。只要有条件选择，就尽量使用公开商业页面。一般而言，商业页面都会默认设置成公开的。这就意味着你所发布的每条信息、每张图片和每句话，都会被其中一个搜索引擎编入索引。商业页面还会让你的联系人很容易给你点赞，或者关注你。

（7）对待新出现的社交媒体采取静观其变的态度。有新网站上线时，自己注册一个账户，然后“静观其变”。你不需要迅速行动，马上参与进来。每个新网站问世的前六个月里都会不可避免地出现故障或缺陷，让开发人员来解决这些问题。与此同时，你可以专注于经营目前来说对你有效的社交媒体平台。

（8）延伸到线下。如果有人看起来对你有兴趣，可以私聊，但是不要操之过急。注意观察对方是否有接受的信号，如询问问题、不断参与或索要更多的信息。如果对方看起来真的有兴趣，则可以和对方私聊，询问能否给对方发送邮件或打电话。无论什么时候，如果潜在销售对象流露出抵触情绪，则顺其自然。等到时机合适时，你可以再次尝试接触对方。

（9）发布的信息以非营销性信息为主。你发的帖子不能仅仅局限于有关产品、服务或机会的信息。我的建议是，90%的内容应该着眼于相关话题。这样，即使你在推销业务，你的读者单击链接或分享发帖的可能性也会更大，因为他们已经对你建立了信任。无论对方和你有没有生意上的联系，你的帖子都要让对方觉得受益匪浅，这样有助于培养关系、信任感和忠诚度。

（10）利用社交媒体的 CPR 功能。CPR 即评论（Comment）—发帖（Post）—回复（Reply）。花时间对联系人发布的帖子进行评论。经常发帖，从而提升自己的曝光度。所有提到你的评论或问题都要回复。每天结束时都要重看自己的帖子，加入讨论，从而成为个人页面上一大串评论中的最后一个。这样就会给读者留下身体力行的印象，也可以鼓励他们多和你沟通。

（11）不要过度发帖。人们可接受的发帖数量，因社交网络平台而异。留心观察各个社交平台的文化，以此指导自己的行为。例如，博客的节奏相对较慢，所以每周一两篇帖子就足够了；微博的读者可以忍受每天两到三篇帖子，如果你超过了这样的发帖频率，就有可能被标记为垃圾邮件；微信公众号要求每天发好几篇帖子，因为这个平台上的读者登录时只能看到实时发帖。

（12）帖子风格就好像相互交谈一样。最好的帖子永远都是发自内心的。不要过分纠结于写作技巧，以免影响与人沟通的能力。想象一下如果是当面交流，你会如何向对方表达自己的想法，然后以同样的方式编辑帖子。也可以使用直播类 App 来编辑社交媒体帖子，这是一个不错的选择，可以使你的发帖风格较为真实。

（13）传授一些东西。将自己想象成一个人们可以在此学习的资源中心。除了推介的产品和机会外，你还可以看看能在其他哪些方面通过分享理念、实践经验、信息和文章将自己打造成一位声名远播的专家。如果人们读了你的帖子之后，能学到对自己人生大有裨益的东西，他们就会期待看到你的帖子。

（14）做真实的自己。信任是最关键的。尝试成为让对方愿意在线上线下和你做生意的人。将社交媒体想象成一个虚拟的自己。如果你参加圈子里的一次社交活动，你会如何表现？你会不会给每个人发名片，请求对方购买你的产品或加入你的团队？我希望你不会这样做！社交媒体上的举动也是同样的道理。如果你时刻都在用推销信息对联系人狂轰滥炸，对方会渐渐地无视你，取消关注，或者更糟糕的是将你的邮箱标记成垃圾邮箱。因此，在发布任何帖子之前，问自己这样的问题："如果是在现实生活中，我会如何表达？"

（15）注重互动。要给他人的谈话增添价值。你和他们的内容互动越多，他们对你的了解就越深入，你在他们圈子里的曝光度也会越高，而这些圈子里一定包含你之前没有见过的人。所有人都喜欢被人注意。你点赞、评论或转发别人的帖子，都会让对方心怀感激。还可以考虑和你希望能注意到自己的人互动。

（16）遵守公司方针。从始至终都要遵守公司在品牌经营、简介/页面命名及信息发送方面的合规政策。作为独立事业拥有者，你有责任阅读公司的互联网推销、广告及社交媒体政策与流程。制定这些政策的目的，就是保护你这样的所有者及企业形象。

（17）遵守所有相关法律法规。你的营销信息一定要合法，这一点至关重要。有关法律部门会监控社交媒体发帖的合规问题。例如，如果你宣传产品有保健功效或能带来某些特定收益，就一定要包含具体的公开披露材料。如果你不知道具体要求，就联系公司咨询。你也可以浏览政府机构和网站披露，从而知晓最新信息。

（18）遵守网站的具体条款。避免陷入账号受限的境地。加入社交媒体网站时，你就已经同意遵守服务条款。大多数人都不会阅读这些难懂的条文，但是作为事业拥有者，你有责任认真阅读自己同意接受的服务条款及条款的后续更新。社交媒体网站有权在任何时间出于任何理由撤销你的账号。如果你没有遵守这些规则，就会让自己的事业面临风险。

（19）确保图片版权。在帖子中使用图片时，一定要首先确定自己有这样做的权利。有很多人以为对于在互联网上免费找到的图片，可以按照自己喜欢的方式随便使用。这样是不对的。生成图片的人拥有图片的所有权。唯一能确认自己有权使用图片的情形，是你自己拍照，或者从不涉及版权问题的图片网站获取图片，并且适当地标注图片来源。

（20）留意自己的隐私。社交媒体网站通常会在一开始设定一套隐私规则，后续再进行更改。每六个月就要检查一下自己的隐私设置。例如，你可能不希望所有人都能看到你的手机号码，但你希望他们能看到你的网站和商业电子邮箱。你可能希望公开自己生日的月、日信息，这样你在社交媒体上的朋友就可以发出生日祝福了。但是你要将生日的年份设置成隐私，这样可以保护自己的身份信息不被盗用。

社交广告

吉姆·卢普金和布莱恩·卡特

社交广告为网络营销人员开辟了一个全新的竞技场。他们可以利用社交媒体维系关系、沟通交流，还可以以这种新方式来扩展关系网。借助社交广告这种形式，你可以以低廉的成本锁定某个具体的市场，广告成本低到一天1美元。

在开始社交广告之前，首先要决定自己的目标是什么。你的目标越具体，你的广告就会越成功。例如，你的目的是不是提升知名度、建立潜在业务关系、扩大自己的粉丝和关注群体、完成销售、发送更多产品样品，或者吸引更多人参加当地活动？

接下来，要决定自己使用哪个平台。目前来看，微信是最好的平台之一，因为这个平台的用户最多，功能也最齐备，可以达到最好的客户锁定效果。另外，这也是有助于提升知名度并创造潜在业务且成本最低廉的广告方案。

对刚刚开始接触微信广告的人来说，微信广告是一个很好的开端。微信广告的成功需要目标锁定、图像、标题和文案主体的共同成就。我们的经验表明，尝试制作一条网站转换广告来生成潜在业务或实现销售，对利润数据的帮助不大。

社交广告的好处在于你创建广告后可以进行测试，根据自己得到的效果做出相应的调整和改进。要想得到出色的效果，就要测试好多广告。

要测试的第一个方面就是目标锁定。对你的产品服务及标志进行事实说明。这样做有些无趣，但有目的。分别对目标锁定、人口特征及行为进行测试——每项准备三到五个系列广告。

一旦找到了最佳目标，就可以测试多个图像和标题，从而进一步提升效果。在这个过程中，你可以运用很多精彩的图片和广告文案。

微信分享建立在正能量和喜好的基础上。最好的照片是快乐面部表情的特写。人们喜欢孩子、动物和幽默这些主题，可以在广告中使用与这些主题相关的图片。

在编写广告文案时，要重点介绍自己的产品服务能给予目标受众怎样的帮助。不要创建任何负面的话题，除非你的产品是为了解决问题而存在的。尽量找一种能让有需求的受众产生积极共鸣的产品介绍方式。

持续测试，就会持续改善。

第 10 章

利用展销会和其他活动来扩大潜在人员储备

最好采取主动的方式来保证自己的团队能源源不断地加入新面孔，而不是一直等到所有潜在资源都耗尽再想办法。应该一直保持一定数量的潜在发展对象。维持稳定储备的做法，能最大限度地为你的事业提供保障。如果你的储备中还有尚待发掘的对象，你就不需要每次都看着一成不变的通信录发愁自己接下来到底该给谁打电话。所有人都知道这种经历会让人多么丧气。

要想扩充自己的联系簿，最好的平台，就是厂商活动。你将和其他厂商竞争，看谁才能吸引最出色的潜在发展对象。因此，你要把握好这种磨炼自己物色潜在下家的机会。

厂商活动提供的不仅仅是更新联系簿的机会，你还可以利用这些活动来丰富自己的潜在发展对象储备。你的发展对象多元化程度越高，你发展进入新交际圈的机会也就越大。如果一年能参加几场展销会、展示会、农贸市集或其他厂商活动，你就能将自己的事业提升到一个新的高度，曝光度大大增加。

你在网上发展的联系人数量可能较大，但是质量可能参差不齐。沟通交流的魔力只有在面对面时才能发挥到极限。即使你在网上物色潜在发展对象方面技能深厚，你的增长策略也应该包含在活动中发展关系。

不要将自己局限在家乡。效益最好的网络营销人员总是在不断地扩展自己的视野。他们会毫不犹豫地进入新的领地。首先你要决定自己愿意走多远，能够走多远。然后将这个地区范围内所有可能的地点整理成一张清单，开始在网上搜索这些地点有什么厂商活动。

采取创新思维，预约参加一些想象力欠佳的竞争对手可能忽视的活动。可以出席大学生报到日活动、音乐会、体育赛事或街头节日庆祝活动，让自己和年轻人在一起。也可以在车展、船展上开设一个小商铺，通过这种方式接触女性，因为这些女性参加这些活动的目的可能只是陪伴丈夫。她们非常希望有机会可以谈论其他一些话题。锁定男性对象也可以采取类似的方式。如果你能在主要面向女性的活动上设置一个商铺，基本上就能吸引他们的注意力。

联系当地的商会、体育组织、教堂和学校，索要它们的活动时间表。如果你能立马采取行动，就可以领先于那些不够果断的竞争对手。你的移动设备最有用的功能，还是手机通话。

在可能的情况下直接联系活动的组织者，因为他是整个活动中交际面最广的人。

参加这些活动时，应该遵循重质不重量的原则。最好是物色到几个希望最大的潜在对象，而不是随便收集一大堆电话号码。

要想最大限度地发挥厂商活动的作用，诀窍之一就是不要为了短期利益牺牲长期机会。在你一心想卖出东西的时候，一个潜在团队成员可能已经在你的展位上来来回回走了好几次。我的个人经验一次又一次地证明，很多网络营销人员都曾经与潜在发展对象擦肩而过，自己却一无所知。

你可以将产品作为自己的抽奖券，但是你的目标应该永远以事业为主。把自己的侧重点放在发展下级上。如果你让潜在发展对象就这样从眼前溜走，几乎可以肯定，他们会在其他商家那里找到机会。

你只要简单地问候一句："你今天来是干什么的？"就可以开启一段对话。这种开场白要比笨拙地询问"你有没有听说过×××（公司名称）"效果好得多。后面这种开场白不仅让对方听得耳朵都出茧子了，而且无法准确地引导话题发展的方向。你的开场白是开启一段对话的最好机会，也可能是唯一一次机会。人们永远都不会厌倦他们最喜欢的话题：他们本身。

你应该表现出对对方的兴趣，而不是尝试吸引对方对自己产生兴趣，前者的效果会好很多。放松，享受乐趣，毫不吝惜地提供帮助、支持，并且给予对方真诚的赞美。

幸运抽奖这种方式已经过时了，而且毫无想象力。大多数联系人之所以会将个人信息留给你，唯一的目的就是获取你所

提供的奖品。他们不会欢迎你打电话告诉他们“你没抽到奖，但是我可以为你提供一次免费的咨询服务”。这样的遭遇对新手来说尤其打击士气，所以还是不要示范这样的例子。

展销会可能成本很高，还需要大量的时间。如果它们是值得的，就应该做好。采取下述策略可以让你最大限度地发挥每次厂商活动的作用。

（1）制作可以移动而且质量不错的招牌，这样就可以反复使用了。

（2）采用的展示方式一定要夺人眼球，不要让产品图片占满画面，让自己能提供的商业机会成为展示重点。

（3）带上每位新的团队成员。他们通过观察你的举动可以学到很多东西。如果活动的规模很大，可以将其作为一次团队活动。

（4）一定要注重在活动中的穿着。如果你提供的是专业服务，可以选择西装领带的搭配；如果合适，也可以穿印有公司标志的T恤衫。

最佳着装就是最适当的着装。你的目的是与他人沟通交流，而不是给对方留下深刻的印象。在周末的家族活动上，大多数参与者都会穿休闲装。如果穿一件时尚的开领衬衫，外面套一件定制的夹克，就会让别人觉得既专业，又容易让人亲近。这样的穿搭会比西装革履更合适。去客户家或潜在发展对象家做客也是同样的道理。要想达到交流的目的，首要因素是让对方觉得和你共处时舒服，而且放松。

（5）如果你想展示自己的产品，可以设置一个互动展位，从而成功吸引往来人员。样品和演示都是一些比较简单的手段，要想吸引他人到自己的展位，还有很多其他方法。

- 针对营养品进行一次60秒的健康分析。
- 针对金融产品进行一次60秒的财务检查。

（6）人们往往会对自己发现的结论深信不疑。旨在自我发现的趣味“问卷”能帮你收集与未来的客户和招聘人员交流所需的信息。下面是一个60秒的问卷，有助于测试未来团队成员的潜力。如果可能，可以让潜在发展对象完成这份问卷，这也是你与对方建立联系的开始。

给我的工作打分！

- ❑ 我的薪酬和我的价值成正比。
- ❑ 我每年都有涨薪。
- ❑ 我可以自由安排自己的时间。
- ❑ 我的贡献得到了认可。
- ❑ 公司承担我每年度假的费用。
- ❑ 我可以获得无限的培训。
- ❑ 我受邀参加公司的年会。
- ❑ 我可以抽出时间来处理一些个人或家庭事宜。
- ❑ 我喜欢与同事共事。
- ❑ 我每天工作都很开心。
- ❑ 我的工作很稳定。
- ❑ 我的收入足以承担所有的支出。

是不是太多问题的答案都是否定的？或许是时候考虑自己创业了！

注：判断对方的收入和支出之间有多大差距，能帮助你继续和他们讨论兼职工作。

（7）在挖掘潜在发展对象的过程中，最难的一步是如何推动你所发现的潜在对象采取下一步。业余人员的表现通常会比较冲动，他们会迫切地想抓住遇到的每个人。这种方法很少能带来相对出色的回报，能带来持续成功的可能性就更小。领导者通常会凭借本能。他们知道什么时候向前推进，什么时候稍微等等，什么时候后退一步。

你越是能放松地邀请对方参加接下来的活动，或者安排与对方会面，你的潜在发展对象感受到压力的可能性就越小。例如：

“你这周有时间吗？我们一起喝杯咖啡？”

“我这周哪天晚上到你家坐坐怎么样？”

“我们下周会举办一次非正式的活动，你想来吗？我们欢迎你出席的时候带上别人。”

你参加的厂商活动越多，在接触潜在发展对象方面的技能就会越熟练。大多数厂商都只是参加展会，布置好自己的展位，希望往来的人能在自己的展位停下脚步。领导者则有明确的策略，从而让自己投入的时间和资金最大限度地创造价值。

第 11 章

广泛而深入地支持下级

大多数人都相信自己能给这个世界带来变化。通过自己的事业，你有无数的机会丰富他人的生活。分享事业的时候，要像推销产品时一样满怀热情，全神贯注。

很多人会回复说毫无兴趣，没有时间，或者不喜欢网络营销这个行当。这样也没什么不好，因为你不需要每个人都参与进来。但是，如果你对自己的事业有信心，你会向每个人都发出邀请，不会因为担心对方的回复而犹豫。

你无法凭借一己之力打造网络营销事业。这份事业需要庞大的阵容支持才能实现最高营收。而新团队成员的加入，能在短时间内带来可能持久的价值，这比任何其他因素的有利影响都大。

> 剩余收益就是你因为今天完成的工作而在明天收获的奖励。

从统计数据来看，新成员是产出最高的力量，而且他们充满了潜力。他们或他们发展的下级，能让你在营销业绩统计中榜上有名。

你未来的团队成员，面临着无数网络营销机会，上千名雄心勃勃并且富含进取精神的领导者和你一样瞄准了这些人才。为了能够吸引并挽留最好的人员，你需要在自己的领域做到最好。

动力就是一切。如果你无法设身处地地为对方着想，或者只使用高压政策，就无法建设一个可持续发展的团队。另外，你还需要搭建一个有效的体系，然后满怀信心、坚持不懈地遵循这一体系。

随意的方式会让结果无法控制，而且团队成员也无法复制你的模式。在这样的情况下，他们只能在自己的职业道路上跌跌撞撞，摸索自己的策略，而不是简单地按照你已经获得证明的系统继续前进。复制是迅速而深入建设团队的关键。

在网络营销领域，我们使用“深入”这个词来借指在你招聘的人员介绍下加入你的团队成员。你亲自发展的成员构成了你的“第一层级”，形成了团队的“宽度”。而他们亲自扩展的下级构成你的“第二层级”，你的团队就是依靠这种方式积累深度的。

他们再进一步发展的人员构成你的“第三层级”，以此类推。要想让自己的事业能创造源源不断的稳定剩余收益，首先应该通过亲自发展下级让团队形成宽度，之后再通过鼓励和培训自己的下级发展下级，来积累团队深度。只有通过这种宽度和深度双管齐下的方式，才能建立稳定且可持续发展的网络营销业务。

在自己发展下级的体系中加入以下核心技能，然后一次次地身体力行，直到这些技能转变成自己的第二天性。如果你能满怀信心并且始终如一地坚持观察自己发展下级的系统，你的榜样力量将激励团队成员积极地投入到这项事业中来。

培养发展下级的心态

每份出色的网络营销事业都建立在产品突出的基础上。但是不要让销售带来的短期满足感干扰了自己对长期发展下级所能带来利益的关注。销售只是一项工作，发展下级会让这项工作发展成一份事业。无论到哪里都要记得带上自己的商业宣传材料（在健身房里锻炼时把材料留在车上不算随身携带）。

销售给你带来的是今天的收益；约见将带来明天的收益；而发展下级会给你带来永久收益。

把握每次会面、展示或活动，分享自己的从业机会

通过每次交谈和每次展示建立推荐下级的网络。如果你需要加速这个过程，就在一些产品或宣传册上贴一些朴实的贴纸，提醒自己现在是推销业务的时候了。你累积的经验越丰富，让双方谈话内容从销售发展到下级扩张的过程就越简单。

你物色的对象要和你的事业非常契合，因为你的事业首先和他们非常契合。你不需要所有人都加入进来，但是你要向所有人都发出邀请，因为在你询问对方意向之前，你永远不知道他们是否有兴趣。

无论你要如何挣扎才会鼓起勇气向对方发出邀请，这样的经历也绝

对不会比发现你原本有机会却没有接洽的对象最终和别人签约的状况更糟糕。主动给每个人提供机会，让对方来决定到底是接受还是拒绝你的邀请。

不要只是怀抱在展示和活动中遇到自己下一位团队成员的希望

你要这样告诉自己：我知道我招聘的下一位成员就在这里，我要做的只是把这个人找出来而已。这种细微的态度转变给我的事业带来了巨大的推动，我不再把注意力放在自己的怯场上，而是关注谁才是我的下一位团队成员。

你的客户永远是你最好的潜在发展对象

他们已经在使用产品了，这就意味着他们实际上已经在敲门，想加入分销商的团队了。同样的道理，聚会直销顾问也是最佳人选。将他们设想成处于“贵宾新成员等候区”的人，向他们提供自己最好的客户体验。当时机合适时，邀请他们升级为分销商。他们作为客户所得到的体验越出色，他们接受业务宣传的可能性就越大。

参与优惠活动的客户或提前订购客户距离成为分销商只有一步之遥

在接触这个群体时，尽量使用轻松的表达方式，这样会让对方更容易完成从客户到分销商的转变：“你现在自己购买产品已经可以省钱了。为什么不和朋友分享呢？这样你还能赚点钱。你可以想一下自己认识的所有人里面，谁最可能对×××（减掉几斤、参加养生项目）感兴趣。”

你可以通过这样的方式邀请他们思考谁能成为自己的第一批客户。

在物色潜在团队成员的过程中，永远保持敏锐的触觉

如果你不能一直保持警醒的状态，就很容易忽略潜在团队成员发出的信号。并不是每个人都会发出强烈的信号。在这种情况下，没有经验的招募人员就会和最有潜力的发展对象擦肩而过。

领导者不会做出一些肤浅的判断，也不会让自己局限在第一印象中。他们能认识到，很多人在做好准备之前，会选择暂时不表露自己的想法。他们会留意观察一些更不明显、更微弱的信号，这些信号可能被大多数人忽视。培养下面的思考方式。

- 谁会感兴趣?
- 他们为什么会感兴趣?

建立线索卡片，从而让自己在遇到符合网络营销人员特质的人选时能保持警醒的状态。在编写《成为招募界的超级明星》时，我对来自上百家公司的上万名网络营销人员进行了调研，从而判断谁加入的可能性最大。调研结果显示，以下这些群体明显更愿意接受业务接洽。

- 想延续双职工的生活方式，同时迫切希望为养家做出更大贡献的母亲。
- 想在学生时代就在就业方面先行一步的学生。
- 希望无论是在家里还是在工作上都能成为伙伴的伴侣。经验告诉我，伴侣的年龄越小，希望平等分享收入并分担家庭责任的可能性越大。
- 希望通过其他方式来补贴每周五天每天八小时的工作带来的微薄薪酬，进而改善生活质量的职工。因为这份事业有机会出差，这项福利激励很多人成为兼职网络营销人员。

- 想通过某系列产品来为自己的顾问业务助力，获得第二份收入来源，或者让自己从顾问行业退出时仍能获得持续的剩余收益的专业人员（尤其是医疗、运动、健身、美容、养生和个人成长领域的专业人员）。
- 愿意承担一些风险来追求梦想的年轻人。千禧一代是你未来团队的主力，他们迫切地寻求创业机会。他们的父母当时的就业选择很有限，所以被迫接受了一些生活方式。他们不希望同样的经历在自己身上重演。他们也没有任何意愿想在接下来的 40 年中让别人来决定自己的工作方式。他们早就已经蓄势待发，迫不及待地想找到一种更好的方式积累足够的财力，以满足今天的生活方式，并且为实现明天的梦想做好准备。另外，他们的财务负担比较小，这也就意味着他们有更大的自由去选择自己想做的事。根据皮尤研究中心对美国人口调查局最新数据的研究，18~31 岁的美国成年人中，有 36%仍然和父母住在一起。他们有条件承担短期风险，从而寻求长期回报。这个群体就是金光闪闪“机会”招牌，上面写着“机会”两个大字。

《成为招募界的超级明星》一书发现，下述主要目标群体在收入最高的人群中占主要地位。

- 教师。
- 工程师。
- 主持人。
- 护士。

- 创意人员。
- 母亲。
- 千禧一代。
- 网络营销人员。

正面思考

向潜在发展对象推荐业务时，你就在邀请他们进入自己的团队。这对他们来说是一种称赞。所以，不要想得太多。如果他们拒绝了你的邀请，你可以说："我敢肯定，像你这样的人肯定总会收到邀请。"以这样的赞美之词结束对话，不仅会避免让对方感到不安，同时也会让双方都感觉更舒服。

将发展下级的成功率掌握在自己手中

如果你没有持续发展下级，那么原因肯定是下面三个中的一个。

- 你没有向足够多的人推荐这项事业。
- 你推荐事业的对象是错误的。
- 你使用的方法是错误的。

如果你没有收到很多拒绝的回复，那就说明你还没有和足够多的人接洽。不要总是因为担心对方拒绝而焦虑，给他们一个拒绝的机会。相比于连邀请都没有收到，所有人都更希望有机会说"不"。在我们询问的对象中，少数几个人会接受邀请，有些人回答可能试一试，更多人都会拒绝邀请。但是你可以算一下这笔账。唯一注定失败的做法，就是根本没有询问对方。

不要让缺乏耐心成为你失败的原因。如果你过早采取行动，或者行动的方式过于偏激，你能成功做到的只是把对方吓走。物色潜在发展对象和约会有些相似。聪明的做法是尽可能表现得轻松随意，直到双方已经建立一定的关系为止。接下来慢慢来，给予这段关系时间慢慢成长。永远不要将自己的潜在发展对象逼到墙角。

不要永远在谈话中占主导地位，无论你对自己要给予对方的机会怀有怎样的热情。你与潜在发展对象的互动越多，就越容易鉴别出团队成员。如果大部分时间都是你在说，你就可能给对方留下咄咄逼人或过于拼命的印象。所有出色的招聘人员，都理解耐心的力量。

没有人愿意接受毫无头绪的下级宣传

开口之前一定要思考下述问题：我对这个人的需要或需求了解得是否足够？我向对方提供的这份事业对对方是否有说服力？如果你根本不知道对方想要什么，又怎么能给他一个解决方案呢？向后退一步，先从经营双方关系入手。

永远准备好给对方最好的条件

每个月的月初都检查一下你的公司是否会有任何“现在加入”的激励活动，如折扣、免费工具升级及额外的快速启动奖励。激励旅行资格的活动一开始可能就是制造“现在是时候开始”这种紧迫感的良好时机。但是也不要过于干涉对方。压力会让很多潜在发展对象望而却步。你可能发现有几个人本能地接受了你的邀请，但大多数人还是希望能有足够的时间先考虑再做决定。

告诉潜在发展对象，你为什么希望他们能加入自己的团队

让潜在发展对象树立良好的自我感觉，这样就会让他们愿意加入你的队伍。真诚的夸赞就是讨论事业的完美途径。

- 你总是乐观向上的。我知道和你共事一定会很愉快。
- 对我们的事业来说，你就是宝贵的资产。
- 你是我最好的客户之一，所以我总是不由自主地想到你会成为一个出色的分销商。
- 你取得的成绩会给所有人留下深刻的印象。你有没有想过将自己的经历发展成一份事业？

没有所谓“通吃”的宣传方式

你需要不断调整自己的方式，从而照顾到潜在发展对象的个性特征。热情洋溢的孔雀型群体会对称赞和乐趣（也就是网络营销的社交层面）做出反应。喜欢分析的猫头鹰型群体希望能看到事实和数据，希望自己的问题能得到精准的答复。面对热爱竞争的雄鹰型群体，一定要直截了当，公事公办，因为他们不喜欢犹豫。给保守的鸽子型群体足够的空间做出决定。让缺乏安全感的天鹅型群体知道，你愿意指导他们。

看了我写的《成为直销界的超级明星》之后，你就会了解不同个性特征的微妙之处，并且知道如何接近不同个性的群体。

寻找想挣钱的人，而不是需要钱的人

激励我们奋勇前进的，不是我们的需要，而是我们的愿望。如果你想帮助原本就毫无动力改变自己生活的人，你可能是在浪费大量的时

间。和实干者一起建设自己的团队，不要和只会做梦的人成为队友。

正是因为我们已有的东西和我们想要的东西之间存在差距，才会激励我们不断前进。有的放矢地提出问题，借助这样的习惯来判断潜在发展对象的生活中到底缺少些什么。

- 你觉得自己是爱花钱的人还是爱攒钱的人?
- 如果你钱包里现在有 5 000 元，你会用这些钱来做什么?
- 如果你每周多赚 500 元，你会如何使用这笔钱?
- 如果你今年要买一件大件物品，你会买什么?

不要再提供信息，开始鼓励对方

情感的力量远远大于事实和数字。介绍事业的过程中不妨和对方分享自己的故事和经历。你可以通过潜在发展对象发出的信号来判断对方是否有反应。

- 他们是否一直和你保持眼神交流?
- 他们的眼睛是否闪闪发光?
- 他们是不是在点头?
- 他们是否在微笑?

如果答案是否定的，那么他们很可能已经进入睡眠模式。

不要过于超前。你的潜在发展对象中，大多数人都没有考虑创业。你要面对的第一个挑战，就是点亮火花，鼓励对方开始思考创业的问题。

能为一个潜在发展对象点亮火花的切入点，不一定对其他人也有用。要学会创造不同的火花，分别强调事业能带来的社交、情感及财务方面的好处。无论火花有多么闪亮，如果与能让潜在发展对象响应的点不一致，那么火还是生不起来。

让潜在发展对象容易做出加入的决定

如果对方没有意愿或没有能力放弃一份稳定的收入，那么可以直接告诉对方在利用闲暇时间创业的同时还可以保留自己的全职工作，这样的信息不仅会吸引对方，而且会缩短签约时间。

很多员工都希望能继续享受一份稳定收入所带来的安全感，同时在彻底进入自我创业之前先试水。绝大多数的网络营销人员都是以兼职创业者的身份加入这个行业的。等到他们亲身体验到这个行业能给他们带来怎样的充实感和好处之后，他们原本微小的或短期目标就会迅速膨胀。

但是，也不能想当然地认为潜在发展对象只想将这份事业作为自己的兼职工作。有些人可能具备更好的条件，可以从一开始就以全职的方式来经营这份事业。例如，可能出现下述情况。

- 你合作的公司在前几个月提供财务支持，将其作为入职培训的一部分。
- 你所接洽的年轻人还没有开始挣钱，在创业的过程中可以继续住在父母家里。
- 你的潜在发展对象有足够的积蓄，足以让他们撑到有稳定收入为止。
- 你的潜在发展对象是双职工，他们可以先放弃一个人的收入来创业，这份事业最终或许能替代两个人的现有收入。

正是以上这些不同的状况才体现了正确的问题所发挥的力量。你提出的问题越多，就越能知道如何定位这项事业，从而满足每位潜在发展对象独特的情况与期望。

每天都要推销自己

每次和人打交道都要做到彬彬有礼，表现出自己的专业素质和对对方的关注，这样做能给自己遇到的每个人都留下积极的印象。如果他们在考虑和某些人做生意，你就会成为他们选择的对象。

如果某位潜在发展对象并不愿意接受你的邀请，即使你认为对方能在这个领域表现得多么出色，也不要浪费时间争取他。这项事业并不适合所有人。如果你需要极力劝服一个人，那就说明他并不是合适的人选。

摒弃对拒绝的恐惧

被人拒绝，是在筛选潜在发展对象，从而找到能正面思考同时满怀热情的人选的过程中不可回避的一个部分，只有这样的人才能够认识到你给他们提供了一个多好的机会。而拒绝的人，并不是在回绝你，他们只是在回绝这份事业而已。

在团队中建立发展下级的文化

如果你能做到下述几点，就能够实现这一目标。

- 总是满怀自信地一直谈论发展下级的问题，保持这个话题的热度。
- 每个月至少亲自发展两名新团队成员作为自己的下级。
- 训练每位团队成员在五秒甚至更短的时间内对下述问题给出令

人信服的答案。

— 什么激励你加入这个队伍?

— 现在激励你的是什么?

- 不断向团队成员提供建议、窍门和技巧。
- 鼓励新人马上开始发展下级。利用薪酬计划中的新分销商奖励引导对方将注意力放在物色自己的第一个招聘对象并和对方成功签约上。如果他们询问你为什么要发展下级，你可以这样回答:“发展下级能开辟一种增加收入的全新方式。所以，为什么不利用一切途径来挣钱呢？”

让对方思考这样一种情境：如果他们获得了一次免费度假的机会，可以带上一个人，但是这个人不能是他们的伴侣或子女。询问对方:“你会带上谁？你觉得你和谁在一起最开心？”这样的引导方式可能对对方有帮助。建议对方马上给脑海中的那个人打电话，邀请这个人加入，然后亲自培养。

- 通过即兴的方式创造一种紧迫感和兴奋感。定下“现在就行动”的发展下级挑战。你会发现 48 小时的挑战可能激励对方马上采取行动。而一个更长的计划反而会让对方一拖再拖。利用这样的说辞来激励对方:“你已经知道要发展下一个招聘对象了。现在你需要做的，就是找到这个人到底是谁，然后联系这个人。”你笃定的态度，有助于帮助对方鼓起勇气，建立信心。
- 不断提醒团队成员:“对方不是在拒绝你，他们只不过是在拒绝这项事业。”

- 鼓励每位团队成员阅读与发展下级相关的书籍。

向团队成员推荐一本发展下级相关的书，如《成为招募界的超级明星》，成立一个书友俱乐部。过程非常简单。

- 在整个团队中推荐这个书友俱乐部，并且规定一个启动时间，让所有人都有机会买这本书。
- 在微信上建个群，作为参与者分享自己的故事和成功的平台。
- 鼓励他们每周阅读一章。
- 在读完每章之后都设置一个挑战，让他们有机会运用自己在书中学到的东西。
- 鼓励参与人员分享：

  — 我从现在这章中学到了什么？

  — 我如何在所学内容的指引下采取行动？
- 向一周内成功招聘下级的所有人员表示祝贺，邀请他们介绍自己是如何做到的，以这种方式激励参与成员，让他们保持兴奋的状态。
- 将书友俱乐部和公司现有激励政策挂钩，让参与人员更加兴奋。例如，“和10个符合资格（大多数公司都规定，新招聘对象要能够达到最低销售目标，这样他们的上级才算合格完成了发展下级的任务）的招聘对象签约”，然后你就可以到巴哈马群岛的豪华度假村度假了。

最重要的是，寻找你希望环绕在自己身边的人

如果你的事业发展顺利，和你计划的一样，那么你有很多时间都要和自己的团队成员待在一起。确保你的潜在发展对象要适合你自己和你的团队。

第3部分

学会沟通

第 12 章

有效的沟通是第一要务

始终如一并具有高度感染力的信息，是发展事业最有利的工具之一。通过鼓励自己的潜在发展对象加入你的队伍共同创业，你可以成为一位领导者。如果你能激励这些成员经营好自己的事业，你的领导能力就得到了发展。在沟通的过程中，你越是有说服力，对团队业绩的影响就越大。

因此，你的收入很大程度上取决于你的沟通能力。

我在前文解释过，你凭借自己的能力开始一份事业，然后在进步的过程中不断培养自己的能力。学会有效沟通应该在你的个人成长活动清单上排在前面。你越早学会成为一名具有说服力的沟通者，你就能够越早达到更高的收入水平。

领导者沟通的目的并不仅仅是发布信息，还在于激励对方，给对方以激情和力量，从而推动对方采取行动。他们知道，信念和愿景的力量远远胜过事实和数据。无论他们面前是一个人还是一群人，他们的自信、信念及乐观的精神，会在整个沟通过程中闪耀着光彩。

> 别人鼓舞我们之后要想我们要做什么，而不是别人告诉我们做什么就做什么。

如何检验一个沟通者是否有吸引力，最经得起推敲的方式就是看听众有多投入。仅仅吸引他们的注意力还远远不够，他们听你讲话的原因可能是出于礼貌，或者他们发现自己无法在不被人注意的情况下离开。但这并意味着他们真正投入地听了。只有在他们认真思考你讲述的内容，对你讲述的内容做出回应，更重要的是对你做出回应时，他们才真正投入地听了。

你不能在一夜之间就成长为一位具有感染力的沟通者，但是你可以接受每次现场演讲的邀请，从小事做起，逐渐培养自己的演讲能力。下面这些步骤能帮助你每次的演讲都达到令人信服的效果，无论你的听众是 1 人还是 1 000 人。

第一步：以听众的具体情况、经历和兴趣来引导自己的演讲内容和演讲方式

你演讲的对象掌握绝对主动权。他们可以随时把注意力放在你身上，也可以随时移走。在开口之前，思考这样的问题："我在和谁讲话？他们为什么要在意我讲话的内容？"如果你不知道这些问题的答案，就去寻找答案。如果你面对的是一位听众，那么可以先从询问对方问题入

手。如果你在为一群人做演讲，那么做好研究工作。如果演讲的对象不对，那么即使你所传达的信息再具冲击力，也毫无效果。

如果对方已经产生兴趣，就可能购买产品，但是只有最具说服力的沟通者，才能让“可能”变成“确定”，让小订单变成大订单，让客户变成分销商，再让分销商变成领导者。

第二步：准备演讲的时候要从结尾部分入手，然后从后往前完善

思考下述问题。

- 你希望对方怎么想?
- 你希望对方产生怎样的感受?
- 你希望对方怎么做?

如果你已经确定了自己想要的结果，就可以开始计划如何引导听众达到这个结果。效果最好的演讲会集中在一个要点，然后利用故事、逸事及例子生动地阐述这个要点。如果你要阐述的要点能制成一张冗长的清单，那你想传达的关键信息就会被淹没。

第三步：目标是走进观众的心里，而不是他们的脑海里

如果你无法从情感上打动听众，你就没有从真正意义上与对方建立联系。如果你能做到发自肺腑，那么你的演讲必定意义深远，给人留下难以磨灭的印象。

在作为演讲者的整个生涯中，我曾经听过上千场演讲者的演讲。要区分优秀的演讲者和普通演讲者很简单，前者真正关心的是如何改变听众的生活。如果你关心自己的听众，你的演讲就能做到发自肺腑。

第四步：慢下来！给听众思考的时间

如果你的语速太快，听众就没有时间消化你所讲的内容。如果你讲的时间太长，他们就没有反应的时间。如果听众觉得自己听到的就好像一串连珠炮，他们要么一头雾水，要么无法投入其中。

不要用任何多余的词语，记住要经常停顿。有时你可能觉得自己停顿的时间很长，但是对你的听众来说，这样的停顿还是太短了。

> 简单是复杂的最高境界。
>
> ——列奥纳多·达·芬奇

你说得越少，对方听到的就越多。你听到的越多，学到的就越多。你要明确知道听众想听到什么，你不能因为提供一些不相干的信息而浪费自己和对方的时间。没有人有多余的时间或足够的耐心听你说些没有意义的话，因此你讲的每个要点都要一击即中。啰唆是傲慢自大的表现，你的听众应该听到更好的演讲。

第五步：不要让恐惧成为自己的绊脚石

我刚开始尝试演讲的时候，由于紧张而僵硬到几乎无法活动。我现在还记得当自己站起来演讲却说不出话时所感受到的耻辱。为了克服自己的紧张感，我加入了一个演讲俱乐部。我花了几年的时间磨炼自己，才能在公开场合自如地说话。如果我让恐惧感控制自己，我就无法过上今天的生活。要想追求你梦想的生活，你需要的不是自信，而是勇气。

第六步：不要激怒或冒犯对方

要保持自己的专业形象，避免自己的言谈或著作引发争议。即使你只冒犯了一个人，后果也会让你难以承受。

我通过一段惨痛的经历才学会了这个道理。当时，我演讲的对象主要是母亲。我希望阐述的要点是，尽管我们生来能处理好烦琐的家务，但这一天赋可能影响我们的事业成功。我们努力地想做得更多，但最终结果通常是得到的更少。

为了提升演讲的趣味性，我增加了在家里说服丈夫的同时处理多个任务时会花费多少时间这一内容。如果我们让丈夫把垃圾扔出去，并把狗喂了，我们最可能听到的回答就是："你到底想要我做哪件事情？"

当时听众中有几位男性。其中一位向公司投诉，说我的指责对男性来说是一种冒犯。虽然大多数听众对演讲给出的反馈都是正面的，但我还是失去了再次受邀演讲的机会。通过这次惨痛的经历，我认识到以后在阐述"不要尝试做一个女超人"这个论点时，要更加小心。但是这段经历确实也很惨痛。

第七步：正确读出对方的名字

如果不确定对方名字的读音，那么问过之后做好准备，以便下次不需要再问。如果我听到一些公司高管想在公开场合表扬一些成绩突出的员工，却费劲儿地猜测对方的名字应该怎么读，我就会感到难堪。对获得表扬的人来说，这是一种巨大的耻辱，可能毁掉他们人生中原本意义非凡的一刻。

你可以事先通过一个非常简单的准备过程来避免这种局面。想象一下，如果你接到别人的电话，对方询问你名字的读音，或者征询你到底希望使用自己的全名（如凯瑟琳）还是简称（如凯西），你会有多激动。怎么做才能让对方感到自己是特别的？这里要反复强调的是：正是这些细微的行为，才反映了真实的自我。

第八步：避免使用缩写、行话或内部人员术语

让听众一头雾水不会给你带来任何好处，反而会让你浪费一个建立自己品牌的宝贵机会。重复会形成熟悉感，而熟悉感又会进而催生信任感。

第九步：尽一切努力排除可能妨碍你与听众交流的干扰因素

躲在讲台后面，照稿读，或者尝试在短时间内塞入太多信息，都是常见的干扰因素。

带着冗长的演讲稿上讲台就等于告诉听众你的准备并不充分。学会发自肺腑地表述，这样你就不需要任何讲稿了。如果你还没有做好准备脱离提词机的帮助，那么可以在提词卡上写下自己的要点。要想让自己的演讲具有震撼力，没有任何捷径可走。你需要做好准备工作。

避免在演讲中使用幻灯片。首先，这样会让听众将注意力在你和屏幕之间来回转换；其次，你会失去和观众眼神接触的机会，而这些眼神交流能让你读懂观众的反应。如果我看到演讲者在开始演讲前摆弄电脑，我心里就会咯噔一下。因为经验告诉我，接下来的演讲一定是无趣的。

第十步：如果有麦克风，一定要用上

拒绝使用麦克风是不照顾听众的表现。你永远都没有理由要求听众费劲地听你讲话。如果提问的听众没有使用麦克风，在回答问题之前要向所有听众把问题重复一遍。

第十一步：开场一定要有力

听众给了你时间，但是要想赢得他们的关注还需要凭借你自己的力量。寻找借口或自嘲，如“我有点儿紧张”或 “我并不擅长在公开场合演讲”，这样的说辞只是在告诉观众，你没有重视这次演讲，所以没有做好充分的准备。

我克服演讲时怯场的方法之一，就是提醒自己，这次演讲的中心不是我，而是观众。如果你在走上讲台之前，能够压制自我，你就会觉得表现更加自如，也更容易给听众留下令人信服的印象。

第十二步：如果沟通是值得的，那么润色也是值得的

征求朋友的批评意见，有助于消除一些习惯上的错误，包括使用“嗯、啊”之类的语气词，或者过度使用某些词语或表达。第一次用“棒极了”的时候可能确实“棒极了”，但是重复十次之后可能就糟糕透顶了。

练习一些简单的技巧，直到这些技巧成为有助于你提升演讲水平的习惯。一些简单的提升可能带来明显的不同。例如，使用包含性的代词，如“我们”，谈论“我们的产品、我们的业务及我们的团队”，就是在用

一种不易察觉却高度有效的方式和听众建立联系。

第十三步：可以幽默，但要谨慎

幽默是一种赢得听众关注的有效方式，但前提是能经受住如下推敲。

- 原创性。如果你使用的是其他演讲者的段子，一定要对他们表示感谢。
- 首先你自己要觉得有趣。如果你自己都不觉得有意思，你的听众也不会觉得有趣。
- 在听众发出笑声之前，不要自己先笑出来。要想完美把握时机，需要一定时间的磨炼。不断练习自己的幽默感，直到没有任何瑕疵为止。
- 幽默要和听众有关。为听众量身定制的故事，不仅能拉近自己与听众之间的距离，也能避免重复使用同样的材料。每个人都喜欢听到关于自己的故事。

虽然有些开场白是我最喜欢的，但我还是尽量将自己在会场的所见所感融入演讲中。我会不断地注意观察，注意倾听，几乎每次都可以发现一些值得在讲台上提及的东西。下面举两个例子。

在很多大型会议中，公司都会在现场开设一个商店，让与会代表可以买到打折的产品和从业工具。网络营销人员原本就是热爱竞争的一个群体，所以当商店开门时，所有人都争先恐后地冲进门，希望能买到最划算的东西。

我发现这个现象后，先是以严肃的语气开始："在开始演讲前，我要提醒大家，无论去哪儿都一定要小心。这个城市有一些非常吓人的地方。昨天晚上我就正好遇上一个，那就是会议室D。商店开门的时候我正好站在门边，好不容易才活着逃出来。"听众觉得这样的玩笑话很有意思，因为这是他们的亲身经历。当时的混乱就是他们制造的，即使因此被取笑一番，也让他们很开心。

网络营销人员也是一个生机勃勃的群体，因此会场的气氛总是充满了活力。我很少询问自己的演讲地点，我只要朝着喧闹的地方走去就可以了。

如果会场的气氛尤其活跃，我就会以"发生在拉斯维加斯的事情止于拉斯维加斯"这句俗语来开始自己的演讲。我先对听众加以提醒："发生在×××（奥兰多）的事情止于……"

等到他们说出"止于奥兰多"，我再纠正他们："止于微博/微信……"无论我们在哪个城市演讲，这样的开场白总是会让听众会心一笑。这个开场白之所有有趣，是因为这和听众有关。

永远都要以健康的视角看问题。如果观众对某个幽默反应平平，那么你可能觉得有些受伤，但是不要让这个小失误毁掉你的整个演讲，也不要让听众注意到这个失误。所有人都遇到过因为听众没有领会自己的幽默而轻生斥责的演讲者，但是让听众感到不舒服并不是争取他们的方式。

对于失败的幽默尝试，唯一的解决方式就是继续讲下去，就好像你一开始就没想运用幽默一样。让听众不确定你是否觉得有些没意思，总比让他们确定知道你有些尴尬要好。

第十四步：采取“尝试两次之后就放弃”的原则

如果听众对你说的某个要点或你分享的某个故事没有反应，重新组织之后再尝试一次。如果听众还是没有反应，就是放弃的时候了。一个技巧熟练的演讲者和普通沟通者之间的差别，在于是否足够关心听众，是否读懂了他们发出的信号，并且根据这些信号做出相应的改善。我总结的演讲的黄金法则就是：永远将重心放在听众身上，而且只放在听众身上。

准备的时候不要过于死板。如果你的演讲没有什么效果，可以转换到准备好的第二方案上。我有一次到欧洲开会，当时会上的听众大多数都是俄罗斯人。按照我往常的经验，俄罗斯听众的反应都比较热烈。但是这一次，我可能语速过快，或者当时的翻译人员没什么经验（我个人更倾向于后者），所以我说完开场部分的幽默后，面对的是一片毫无表情的面孔。我站在那里觉得自己快死掉了，但我还是简单地给自己打气：“把握关键！”我很快就恢复了之前的镇定自若，然后尝试通过一个全新的角度来吸引观众。不要延长观众受苦的时间。如果你的演讲方案不成功，需要做出改变的不是观众，而是你。

第十五步：不要把自己太当回事儿

我在培养自己说服他人的能力时，收集的最有效建议就是："认为你的听众是支持你的，他们希望你能成功。"而最坏建议就是："想象听众没穿衣服。"不管这条建议是谁想出来的，他肯定没有看过我的听众是什么样子！

我要表达的是，打击自己没有任何好处。尽量拿出自己最好的表现。如果效果没有你希望得那么好，可以再尝试一遍。要想成为一个明星演讲者，需要不断实践。

•••

随着你的事业不断壮大，你的听众也会越来越多。有时候，你可能要以特邀嘉宾的身份站在讲台上，或者在公司全体大会上发表获奖感言。这些情况完全有可能。你越早开始运用强大的沟通技巧，就能越早做好准备，从容地站在聚光灯下。你完成的演讲越多，你的能力就会越出色，你的信心就会越强。

第 13 章

使用能展示最好的自我的资料

我们经常需要改变宣传资料的呈现方式。因此，印刷材料是我们在从业过程中调整最为频繁的一个方面。现在，发短信和微信等已经代替了电子邮件。我们在设备上能获得大量的信息，而且大多数业务宣传手册都是下载的。

但是，保持专业水准还是至关重要的。没有什么比制作粗糙的宣传材料更能体现非专业性了。

你合作的公司花了大价钱制作精良的宣传册、传单和产品目录。不要为了省一点小钱就自己制作材料，或者在送到客户手上之前就使资料受到污损。

保护好自己的事业和品牌。如果你有合理的理由自己制作宣传材料（而且材料一定要非常精美，你只需要花很少的费用，就可以下载或转发公司的宣传材料），一定要确保你在这个过程中不会影响公司的可信度。我还是建议不要放弃使用公司的宣传材料。例如，一位网络营销人员从自己的上级那里收到了自制的宣传材料，上级要求她把这份材料发给客户，而她决定先征求一下我的意见。

虽然我建议她不要使用这份材料，但我还是指导她该如何重新组织信息，删掉其中错误和重复的部分，并且加入自己的故事。在将建议发送出去之后，我又登录了公司的网站。我发现网站上的品牌设计和信息传达非常不同，之前那份文件描述的完全是另一家公司及另一种产品。这就是“表述迷失”的例子。

通过从不同来源剪切、粘贴而来的材料很容易断章取义。我强烈建议大家使用自己公司的宣传材料来介绍自己的产品故事，然后集中全部精力，努力经营自己与潜在发展对象之间的关系。

如果你的沟通能做到清晰、简练，没有任何术语，你就会更高效。养成发送任何材料之前都先进行编辑的习惯。不管现在市面上推出了多少新的应用程序，你最有效的沟通工具永远都是删除键。如果准确并不是你的强项，那就先在线下写好信件，在发送之前检查一下错别字和语法问题。

新浪微博给这个世界带来的显著改善，就是引入了 140 字的要求。对“140 规则”进行调整后加以采用，你就能在很短的时间内改善自己的沟通能力。

- 将每条短信、信息或帖子都压缩到 140 字以内。
- 将每封电子邮件或每个故事都压缩到 140 字以内。

将这些“少即是多”的指导方针融入自己的圈子文化。

- 不要让我们在下拉之后才能读完你的文字。

- 不要让我们单击微博发文中的“查看更多”。
- 如果你确定自己要说的内容需要 140 字以上才能表达清楚，将内容拆分成多个段落或要点。
- 如果你在自己的团队页面上发帖，发帖前要先想好：这些内容和整个团队相关吗？还是只会让页面显得更杂乱？

在提到自己的产品、公司名称或职位时，不要想着省事儿。不要让你的读者花力气解读你的行话、公司内部用语、缩写或半科学的字母缩写。

就像我们尊重自己的现场观众一样，对那些阅读我们书面文字的受众，也应该给予足够的尊重。

我收到另一个国家的供应商发来的一封电子邮件，对方询问我有没有兴趣在下次拜访之前发送一份 EDM。我回复说我也不确定，因为我不知道 EDM 指的是什么。后来也没有收到对方的回复。

我的意思并不是说，你要避免以有创意的方式使用词语或表述。语言是充满活力的、不断变化的。如果你的措辞能展示自己的性格特征，你的客户、上级、潜在发展对象和团队成员就会做出最好的反应。如果你原本的风格就是轻松随意的，那么在所有沟通内容中都贯彻这一风格。你的客户、潜在发展对象和团队成员都会认可你在使用词语、表述和标点方面的新颖方式。他们也喜欢看到你的情感流露。

我的演讲风格就是非正式的。但是，在我刚开始尝试写作时，我发现自己不经意间陷入了更为正式的风格。为了解决这个问题，我想象自己认识的网络营销人员就站在面前，而我写作的过程就像在对他们进行演讲一样。有位读者给我发信息说："我在阅读您的著作时，觉得好像能听到您跟我说话一样。"我觉得自己成功了。如果这个过程不能顺其自然地发生，你就要花点儿心思。

中国社交媒体用户数量高达几亿名，很多人每天都会登录微信、微博。因此，关注自己在网上的沟通情况，从而保护自己的专业形象很有意义。下一个访问你页面的用户可能就是你的潜在客户、上级或团队成员，他们在联系你之前要先进行一些调研。

在网上宣泄个人负面情绪之前一定要三思，因为有可能全世界都能看到你的宣泄。这样的做法不仅不够专业，而且相当于公开邀请他人向你宣泄自己的负面情绪。

如果你因为邻居家的狗大叫个不停，或者快递员将包裹丢在你家的私人车道上而想发泄自己的怒火，先深吸几口气，然后想想：谁会看到这些内容？我会因此给他们留下怎样的印象？我希望吸引什么人进入我的圈子？如果你对这些问题有所怀疑，就不要发帖。

回避冲突。一旦你和他人的交流过程发布在网络世界，你既没法控制，也没法删除。一旦你对朋友圈、短信或帖子单击了发送键，你就不再有删除键。

我每天都会在网上发布一些小贴士。因为我喜欢把各种事情组合在一起，所以有些时候发帖内容可能显得有些肤浅。有一次，我发布了一则毫无意义的美容贴士，用来娱乐销售美容产品的关注者：建议你的客户每天睡足 8 小时；如果对方相貌不佳，就要睡足 9 小时。几秒后，第一条评论就跳了出来："我真是太生气了。这话也太粗鲁了！"我的一位粉丝（之后就不再是了）写道。

几个经常关注我的粉丝跳出来替我说话。其中一个人发帖称："我刚刚把你说的发送给了自己所有的客户，还附了一张孩子们今天早上拍的我刚起床的照片。他们觉得特别搞笑！"但是，一则原本轻松随意的帖子让我花费了半天的时间来控制造成的不良影响。下一次，我在公共页面发表一些油嘴滑舌的评论之前，都会停下来想一想。

无论你选择通过怎样的方式与客户、潜在发展对象和团队成员沟通交流，一定要确保他们在印刷材料、线上和线下资料中看到的内容，能展示你最好的一面。

第 14 章

通过分享自己的故事和观众建立联系

网络营销人员要想和听众建立联系，最有力的方式之一，就是分享个人经历。网络营销人员自己的故事有助于引起潜在发展对象的共鸣，让双方开始寻找共同之处。同样的兴趣、经历及状况是大多数关系得以建立的基础。

我总是在演讲或著作中分享自己的人生经历。最开始，我也觉得不舒服。但是随后，我意识到这种袒露心扉对表述“你人生的起点是怎样的并不重要，重要的是你前进的方向”这个观点很有帮助。多年来，很多人都在现场和我讲话，或者之后发送信息给我，告诉我：“我们的经历很相似。知道你也有一个并不平顺的开始，真的让我相信，我也能实现自己的愿望。”每次听到这样的话，我都激动不已。

你可以将自己的故事当成一种工具，以激励听众暂时将自己目前的处境放在一边，展望自己的生活可以变成什么样子。即使你在开始使用自己的产品或自己开始创业之前过着截然不同的人生，你也不能过分纠结于“之前”。你的故事应该是充满希望的，应该是洋溢着乐观精神的。

如果你还在朝着自己的目标继续努力，那么你的故事一定要能展示你所取得的进步。你永远都不会希望让观众怜悯你，而是通过自己的故事激励他们。

在公开分享自己的故事前，花一点儿时间加以润色。因为你只有一次机会给对方留下深刻的第一印象。你的故事一定要从一开始就能吸引潜在发展对象。

分享故事的过程要尽量简洁，这样你才能很快将注意力重新转移回潜在发展对象上。我们通过交流经历而开启新的关系。如果你没有表现出对对方的兴趣，那么你也不能指望对方对你有兴趣。

双方的第一次相遇可能并不是分享自己人生经历的恰当时机。你永远都有下一次机会充实故事的细节部分（如果对方要求你这样做）。

你的旅程让你的故事变得有趣。想想吸引你的图书或电影。无论它们是写实的、虚构的，还是奇幻题材的，主题都和旅程有关。在你的“英雄”们克服艰辛并战胜苦难的过程中，你要为他们打气，在他们失败的时候善意地揶揄，在他们成功的时候为他们欢呼。

向听众销售宣传以外的东西。让自己的旅程成为故事中不可分割的一部分。揭示能让听众产生兴趣的以下问题的答案。

- 你的旅程从哪儿开始？
- 是什么触动你开始寻求改变？
- 你遭遇了哪些挑战？
- 你是如何克服这些挑战的？

- 你从中学到了什么?
- 你现在的生活是如何变得更好的?
- 你的下一个目标是什么?

在人们成功地战胜挑战时，我们也感同身受，因为我们愿意相信自己也能克服摆在面前的挑战。如果你也曾经遇到对方谈论自己取得的成绩，但你对他们背后的故事一无所知的窘境，你就知道这样的故事会显得多么乏味了。因为没有旅程，就没有故事。只要你不是在自怨自艾，对方就会和你产生共鸣。

精心打造自己的故事

一个强有力的开场白能够拉近你和听众之间的距离，尤其如果这段开场白能够告诉听众随着你的故事逐渐铺开，他们能听到什么内容。弗兰克·迈考特的《天使的孩子》一书，仅靠回忆录中的两句话就吸引了我："回头看自己的童年，我忍不住好奇自己为什么能活下来。这段童年时光是悲惨的。快乐的童年，也基本上不值得你花时间读下去。"这些文字没有流露出一丝一毫的自怨自艾，而且预示着读者将看到一个有趣的故事。而且这段文字一共不到100字。

利用自己的故事来激励和触动听众，并且让对方相信你所提供的机会。一个平淡无奇的故事，几乎不值得你浪费任何时间。

遏制住冲动，不要提供过多细节信息。如果你要分享的是自己的产品故事，告诉听众是什么促使你开始使用产品的，以及这些产品给你带来了哪些不同。

将创业故事的重心放在促使你加入这个行业的原因、你最大的挑战是什么，以及你的这份事业如何丰富了你的生活这些话题上。

在 15 秒甚至更少的时间内回答下述两个问题，借此集中自己的思路。

- 什么激励你加入这个行业?
- 现在激励你的又是什么?

你在回答这些问题时是什么感觉? 你是否觉受自己得到了激励? 如果你自己都对这个故事没有任何情感上的触动，那么这个故事也不可能激励其他人。

下面两个简单的模板可以让你的故事吸引潜在发展对象，让他们想更深入地了解你和你的事业。这些故事都是世界各地的网络营销人士分享的。故事的创作者根据“140 字”指导方针对这些故事进行了编辑。每个故事都体现了在与潜在发展对象进行情感关联时“少即是多”的力量。

模板一

我第一次听说（产品/公司）是在……时。

我之所以决定加入是因为……

这件事给我人生带来的改变是……

【示例】

我第一次听说（产品/公司）是在一位同事离开公司独自创业的时候。当时，我想他一定是疯了。但是同时，我也有一点儿嫉妒，因为他的工作看起来很有意思，而我还要整天都待在办公桌前。

我之所以决定加入是因为他告诉我他现在的收入是多少。这促使我将自己对网络营销的偏见放在一边，认真听他的介绍。

这件事给我人生带来的改变是：这是我做得最正确的决定。虽然我还要学习很多东西，但是我得到的培训和支持简直令人难以置信。我现在正计划等事业足够稳定后就放弃我的工作。一旦准备好，我就可以全职经营自己的事业了，这真让人高兴。

• • •

我第一次听说（产品/公司）是因为受邀参加一个朋友的派对。我喜欢他们的产品，所以就一直在分销商的网店订购。

我之所以决定加入是因为我的分销商打电话向我解释，如果我以批发的方式购买这些产品可以节省多少钱。她还向我展示了如何通过将这些产品卖给自己的朋友获得额外的收入。

这件事给我人生带来的改变是：我的朋友也像我一样喜欢这些产品。现在，我已经有了几百名客户，而且已经开始搭建自己的团队了。我之前从来没想过待在家里也能养大我的一对双胞胎，但是我的这份事业让这一切变成了可能。我喜欢和我一起工作的人，尤其是那些和我处境相似的母亲。我们会彼此扶持。

• • •

我第一次听说（产品/公司）是因为学校的一位教师在员工办公室发放样品。这些产品真的有效果，所以我开始长期使用。

我之所以决定加入是因为学校的工作让我精疲力竭，所以有段时间我一直在考虑尝试一些不同的东西。我一直都对营养品感兴趣，所以这份事业看起来好像特别适合我。

这件事给我人生带来的改变是：让我的生活方式发生了巨大的变化。我利用这份事业带来的收入来补充我们的退休账户。去年，我还获得了带妻子去国外旅行的机会，住在一个五星级度假村里，公司承担了全部费用。我们的生活方式发生了彻底的转变。我已经等不及要辞掉教师这份工作来全职经营这份事业了。

●●●

我第一次听说（产品/公司）是因为一个朋友劝说我从他们的公司买净水机。虽然我每月需要支付的水电费没有任何变化，我还是希望能够支持朋友的小事业，而不是从一家原本就不知道我存在的大型净水机厂那里买。

我之所以决定加入是因为我对朋友的事业有信心。签了新客户之后，公司会给予我们一定的奖励，所以，我也开始试图说服我认识的每个人更换净水机品牌。

这件事给我人生带来的改变是：方方面面！我喜欢自己当老板，按照自己的时间表来工作。我每周工作五天、每天工作八小时的生活结束了。最好的事情就是能和一群对生活方式有共同追求的人一起工作。我已经开始进行马拉松训练了，这是我几年以来一直梦想的事情。

模板二

之前……

之后……

【示例】

之前：我们的第一个儿子出生后，我们每个月都处于入不敷出的状态。我们总是需要选择这个月付哪些账单。仅是信用卡的滞纳金每个月就有几百元。我们的女儿出生后，我开始寻找在家里挣钱的机会，就在这时，我听说了现在这家公司。

之后：虽然每月只能挣一两千元，但是这笔收入完全改变了我们的财务状况。我们的付款不再拖欠，甚至我和爱人的关系也有所改善，因为我们身上的压力减轻了。我在晚上工作，因为我丈夫晚上可以照顾孩子。我喜欢离开家里几小时，享受属于自己的时光。而我的孩子也喜欢单独和父亲待在一起。

•••

之前：我一直以为我的工作简直太完美了。直到有一天，我被裁员了。除了财务压力之外，我还有种无力感。就在这时，我发誓再也不会将家庭置于这么容易受到冲击的处境。我担任了当地儿童足球队的教练，因为我一直喜欢指导别人。这也是吸引我加入网络营销这个行业的原因。

之后：我从来没有想过这份生意会这么令我满意。创业一年之后，我的妻子也辞掉了自己的全职工作，加入了我的行业。我们的工作很辛苦，但是我们已经开始共同创业了，这对我们的夫妻关系也很有好处。

•••

之前：第一个鼓励我创业的人是我的高中老师。当时，商业研究课程要求我们开创一份事业，并且保证这份事业可以盈利。最后，我所在的小组赢得了“最佳创业奖”。当时老师告诉我们：“总有一天，你们都会有自己的一份事业。”

之后：我上大学时还记得这位老师的话。于是，我没有申请学生贷款，而是通过出售定制首饰来支付自己的学费。每个人都喜欢首饰。等我毕业的时候，网店的盈利已经相当可观，于是，我决定全职经营这份事业。现在，我的团队里有 300 多名分销商，其中很多人都是在大学期间加入的。我们公司年会就像一个大型的大学同学会。

●●●

之前：我的第一份销售工作是在大学期间上门推销道具。毕业时，我选择了一份全职工作，这份推销兼职也就停了下来。去年，我之前的经理忽然联系我，告诉我他刚刚开始经营一份销售保险的事业，并且询问我有没有兴趣和他一起干。他的这个电话来得正是时候，因为我们的公司刚刚裁掉了几个人，剩下的人都感受到了危机。在参加一次演讲后，我当场就提交了申请，马上就获得了加入培训项目的机会。

之后：公司一直以来都对我全力支持。培训很充足，同事们也同样很出色。我喜欢帮助别人，我觉得自己所从事的工作正是我应该做的。

●●●

之前：我在学生时代就是个内向的孩子，所以我从来都没想过自己最后会干销售这一行。但是，当我的叔叔主动提出帮助我时，我决定试一下。我的起步很慢，因为我最大的挑战就是信心不足。我的叔叔建议我加入英语演讲俱乐部来克服这个问题。

之后：现在，我已经领导整个销售人员网络了。我不敢相信自己居然能有这样的经历，也不敢相信自己能帮助别人克服恐惧感，建立一份成功的事业。

●●●

之前：我人生中最糟糕的一天，就是我丈夫失去工作的那天。我们不得不告诉孩子，他们不能再去私立学校了。虽然我当时从事网络营销事业已经有一段时间了，但我一直都是抱着玩的心态。但当我看到孩子的表情时，我知道自己要怎么做了。

我丈夫重新找工作的时候，我就开始打理自己的事业。我越是集中精神，这份事业带来的营收就越高。就在这时，我意识到了这份事业能带来丰厚利润的潜力有多大。

之后：我人生中最开心的一天，就是告诉我的孩子他们可以回原来的学校读书了。现在，我丈夫找到了一份新工作，但是我们不会再将自己置于这么可怕的境地。我的事业还是会继续经营下去。

●●●

之前：我原本是一名律师，我热爱自己的工作，因此一直工作到女儿出生才辞职。一夜之间，我从一个全职律师变成一个全职妈妈，这是一种巨大的文化冲击。但是我的丈夫和我一直都有这样的共识：我们中的一个人要待在家里陪伴孩子成长。后来，一个邻居邀请我去参加业务演讲，这次机会点燃了我的灵感。我可以在晚上丈夫照顾女儿的时候准备演讲。

之后：现在，我已经有两个女儿了，而且还有自己的一份事业。我喜欢帮助其他母亲开创事业，这比我之前的工作压力小多了。我现在再也不会重回法律界了，因为我已经找到了自己的理想工作。

●●●

之前：我根本不知道应该拿自己的人生怎么办。大学毕业时，我的负债比我的学历更加惊人。六个月前，我在健身房遇到的一个人向我推荐他刚刚加入的一家通信公司。他看起来干得很开心，所以我也决定试一试。

之后：我现在只有 27 岁，但是我已经有了一份自己的事业。我已经开始赚钱了，而且我过得很开心。我在过去六个月中学到的有关事业的东西，比我在大学学到的还多。而且我在做自己喜欢的工作。最好的一点就是，我的父亲已经不再尝试建议我该如何生活了。我可以看出来，他为我感到骄傲。

•••

之前：我的父母在我四岁那年带着我移民到了美国，不过我们和墨西哥大家族的联系仍然非常紧密。但是他们没有钱来看我们，我们也只能偶尔去墨西哥看看他们。当我合作的公司宣布他们正在俄罗斯开设业务时，我激动极了。几周后，我就坐飞机到墨西哥城，和每个人介绍自己的业务。

之后：越来越多的人听说了我的业务，于是这份在墨西哥的事业实现了爆炸式的增长。最好的就是，现在我什么时候想去看看家人都可以去。我的两个亲戚今年回到奥兰多来参加公司的年会。我的家族关系变得比之前更加紧密了。

•••

之前：22 岁的时候，很多事情还不确定。但我唯一确定的是，我不想背着负债开始自己的人生，也不想再住在父母家的地下室了。我之所以会选择网络营销这个行业，是因为这是我不需要借钱就能开始创业的唯一途径。我之前在当地一家餐馆当服务生时攒了一部分小费，我打算用这部分钱支撑到自己能摸清这个行业门道的时候。

之后：在创业六个月之后，我的收入已经足以支撑我和一个朋友合租一间公寓了。我的下个目标是买辆车。

组织好自己的故事后，反复排练，直到排除所有的缺陷。接下来，用电脑或手机将自己讲述故事的过程拍摄成视频。

拍摄视频时，应该选择中性背景，因为这样会显得更加专业。摄影机要略高于自己的头部，让自己和摄影机之间隔段距离，这样拍出来人最上相。如果你用电脑拍摄，把电脑往后拉一点儿，然后让屏幕略微朝向自己。

在记录好自己的故事后，回放视频，检查自己是否能给人真诚、讨人喜欢和热情的印象。你的演讲不一定要十全十美，但是你应该注意自己有没有哪些干扰听众认真听你讲故事的坏习惯，如过多地使用“嗯”、“啊”这些语气词。如果有，努力改掉这些坏习惯。

如果你对视频不满意，可以删除后重新开始。如果你的故事还需要润色，唯一的解决方案就是充分准备，并且勤加练习。

但是，也不要过度地苛责自己，或者过度关注自己做得不好的地方，反而忽视了自己做得好的地方。如果总是沉溺在自己的弱点中，那么你永远都不会有进步。越来越熟练之后，你可以随时修正并替换视频。

如果对视频满意，那么可以发布在团队页面上，并且邀请自己的团队成员也拍摄并发布自己的视频。接下来，建立一个微博账号，和更广泛的受众分享自己的故事。创建微博账户只需要几秒。这个用户数很多的平台，会让你接触到一个巨大的市场。

你在越多的地方分享自己的故事，这个故事就会传到越多人耳朵里。

第 4 部分

领导自己的团队

第 15 章

创建高参与度圈子的技巧

生活品质永远都是网络营销的推动力。我们所承诺的生活方式，是那些不敢冒险而踯躅不前的人所不敢梦想的。

这个行业最大的优势之一，就是我们在为自己工作，却不是孤军奋战。我们置身于网络营销群体中，周围环绕的是和我们有着共同的抱负、兴趣和价值观的人。

发展网络业务并不是沿着康庄大道信步向前。要想达到更高的营收，你需要全力以赴、遵守原则、干劲十足。当发展不顺时，总有些缺乏个性的人坚持不下来。但是更多人在没有认真考虑自己的决定或没给自己一个合理成功机会的情况下就放弃了这份事业。

如果你在社区里经营关系时关注的不仅仅是每个人的财务贡献，中途退出的比率就会大大降低。满足他们的社交与情感需求，他们就会表现得更加出色，留在团队中的时间也会更长。

我喜欢将网络营销事业想象成管理一个大家庭，而不是一个业务部门。我能想到的最贴近的比较，来自我在祖国新西兰原住民毛利人当中长大的经历。

毛利人有一个专门描述“大家庭”这个概念的词语，就是 whanau。Whanau 中的成员跨越好几代人，包括兄弟姐妹、父辈成员、堂表兄弟姐妹，以及姻亲、whanau 家族收养的成员。

将整个 whanau 凝聚在一起的是亲属关系。

从历史上看，whanau 成员需要分担角色和职责，从获得食物和养育孩子到维系传统、价值观与文化。虽然经济条件的改善已经让这些成员不再像从前一样分工合作来管理他们的日常家庭生活，但 whanau 内部的精神和情感纽带并没有发生任何变化。Whanau 还继续将成员们紧密地团结在一起，不管他们在哪里生活。

虽然我现在住在美国，但是当一位毛利人叫我“姨妈”的时候，我还是被深深地触动了。Whanau 成员的荣誉身份让我觉得自己是特别的。

对待团队中的每个人都像对待自己大家族里的家庭成员一样。团队成员和你之间，以及他们彼此之间的关系越紧密，他们退出的可能性就越小。他们在团队里待的时间越久，给自己事业足够成功机会的概率也就越大。

人们加入你的团队的原因不一定是他们留下来的原因。如果他们身边的人能让他们感受到团队的包容性，能让他们觉得有人喜欢自己，认可自己，他们就会留下来。

让团队的家族成员也融入你的圈子里来。通常情况下，我们的家人也会参与我们的事业。有些人的配偶以合伙人的身份和他们一同工作，还有其他家族成员会帮助我们配送订单、接电话或管账，以他们的方式支持我们。我们的孩子会帮忙包装展示套装或将订货拆包。我们认为没有必要将事业和家族生活完全分开。应该让家族成员觉得自己受欢迎，能参与其中，并且能获得认可，这样你才能强化这是一份家族事业的概念。

这其中不仅仅是经营事业的问题。培养你与团队成员之间的关系，鼓励他们彼此建立关系，这样做能丰富每个人的经历。

很多独具魅力的领导者能在短时间内搭建自己的网络营销事业。魅力就像一块磁铁，但是仅凭魅力不足以长期维系一份事业。真心关怀每个团队成员福祉的领导者一定能取得可持续的成功。

我很幸运，因为我曾经在几家公司和这个行业中营收最高的人员共事。他们之所以出类拔萃，不是因为短暂地表现自己的喜爱和认可。他们成功的关键是通过一些细小的动作表现出自己对团队成员真诚的关怀。如果你仅靠伪装，没有人会感受到你的关怀。

我曾经参加过由区域最高负责人组织的领导研讨会。会议结束的时候，她问道："每个人去机场的交通工具是不是都安排好了？"因为大家都在整理东西离开会场，在这样喧闹的环境中很难听到她的声音。但是她还在坚持问："我要确保每个人都有车去机场。"她扫视了一下整个房间，问道："辛迪，你去机场的车是不是已经安排好了？卡萝尔，你和谁一起走？"她说话的时候，我能看到她的目光从一桌移到另一桌，确认所有人都被照顾到。如果你能照顾好自己的团队成员，他们就会照顾好你的事业。

让每位成员从加入的第一天开始就感受到自己是特别的，这是整个过程的第一步。在社群的团队页面上发布他们的照片和简介，几乎可以肯定的是，来自其他团队成员的欢迎信息很快就会涌进来。向新成员解释他们会得到整个群体的支持，与创造机会让他们亲身体验到这种支持，两者之间存在巨大的差别。

关注小细节

让每个新团队成员融入团队的过程都变得更加容易。每次开会之前都要介绍他们，直到你看到他们能自信地和其他团队成员互动为止。要求所有团队成员在所有活动中都佩戴名牌，以便帮助新团队成员记住他人的名字。新成员越早能搞清楚谁是谁，他们就能越早地感受到自己是团队的一分子。在会上将新团队成员介绍给大家，就像你在家里举办的派对上将兴趣和情况相似的客人介绍给大家一样。

所有新人加入的时候都要准备一份电子提示卡，记录他们基本的家庭信息，如他们是否还同时从事其他工作、他们配偶的名字和工作、他们孩子的名字和年纪，以及他们在这份事业之外的个人爱好。你不需要沉浸在他们的生活当中，以表现出你对他们的关怀。但是，“你丈夫的这份新工作怎么样”和“杰夫喜不喜欢他在德尔塔的新工作”这两句话的差别还是很大的。

为新人解决最初的所有顾虑

例如，你希望他们去参加会议，尽快感受到作为公司一分子的兴奋。

但是，作为一个能为成员着想的领导者，你知道他们可能并不确定自己在会上将经历什么。而且一个人出差，或者扔下整个家庭对新人来说是很严重的问题。会议的规模可能太大，新人可能不知道一些有参会经验的员工知道的细节。“我应该如何着装”就是一个典型例子。你也不想让对方因为担心这些小细节而有理由不去开会。

在他们的顾虑发展成问题前预测并消除他们的顾虑

在前三个月中陪在新团队成员身边。关系需要一定的时间来培养。新成员在这段时间内和你的接触越多，你们之间的联系就会越紧密。关系就好像有生命的机体。如果能源源不断地获得充足的养分和关爱，它们在这样的环境中就能够迅速成长。

和每位团队成员建立联系

在业务计划中加入有助于巩固你与团队成员关系的策略。

- 在他们过生日或加入公司的周年纪念日寄送贺卡。
- 密切关注他们个人生活的最新情况。
- 在他们遭遇个人或家庭危机时，表达自己的支持。
- 每周都和业绩最好的团队成员进行一对一的电话通话。

- 在微信上和表现欠佳的成员互动，鼓励他们参加会议。
- 留意观察。如果你发现某个成员的业绩上升、下滑或发生了变化，马上和对方联系。如果某个团队成员的表现一直很稳定，却突然不再下单，你就知道一定是发生了什么事情。及时给对方打个电话，你们之间可能就因此展开一场有关业务的宝贵对话。至少，这样做体现了你对团队成员的关心。
- 保持高度敏感，这样你才不会错过他们发出的信号。支持和鼓励的时机会产生很大的影响。很多时候，我在微信上觉察到了某位成员的情绪后，就会马上发送一条表示支持的信息。而我收到的信息回复，通常都是“我今天真的需要听到这样的话”或 “你的信息来得真是时候”。
- 安排每月团队会议。如果将不同地域的所有人聚到一起不现实，那么可以举办虚拟会议。如果你能将相当一部分人聚集到一个地方，那么可以给那些没能到场参加会议的人安装网络摄像头。
- 每次在会前或会后抽几分钟时间和团队成员一对一地交谈，尤其是那些不会每周都接到电话的成员。没有人喜欢孤立感，也没有人愿意做隐形人。
- 看到成绩要马上做出回应，发现顾虑要马上解决。在团队成员需要你的时候，如果你没有及时地给予认可，或者迅速地做出回应，就是不真诚的体现。
- 持之以恒。在维系关系的过程中，如果缺少条理或只凭一时兴起，就无法让彼此的关系建立在忠诚、信任和信赖的基础上。
- 邀请领导和他们的伴侣到家里做客，或者一起去看比赛，或者一起到餐厅吃晚饭。

- 经常做一些周到而自然的举动。例如，“我找到了假日展示时用的架子，所以也给你弄了一个。”或者，“我刚刚读到一本关于团队建设的好书，你想借去看吗？”
- 要愿意每年至少出差一次，去和离你较远的团队成员面对面交流。如果不太可能做到这一点，尽可能让他们参加会议，并且在他们参会时给他们额外的时间和关注。

将各个团队成员彼此联系在一起

建立一个紧密团结的圈子，这样做的好处就是每个人都是利益相关者，成员之间会彼此扶持。可以通过下述方式来增进成员的集体感。

- 鼓励他们分享自己的目标、成绩和故事。
- 在团队交流中表达生日祝福，对个人里程碑事件表示祝贺，并对他们的成绩表示认可。
- 以团队为单位，选择当地的一个慈善机构或活动给予支持。这并不意味着要捐款。很多当地慈善事业都接受愿意投入时间的志愿者。
- 邀请团队成员一起组织厂商活动。
- 邀请他们在微信上彼此互动，并且通过提供信息、反馈或建议的方式互相支持。

在会议上建立联系

所有的现场活动，无论是团队会议还是公司大会，都提供了增进团队内部联系的完美机会。如果除了培训之外，你还能给他们其他参加的理由，他们参会的可能性就更大。永远都让趣味和友谊成为活动不可分割的一部分。

如果你能做到下述几点，会有更多团队成员参会。

- 利用音乐、灯光和舞台布置来制造一个活力十足并且洋溢着庆祝氛围的环境。
- 构想一些有趣的主题，如情人节的“我们爱自己的团队”等。并且为刚刚符合资格的成员制定年度激励旅行的目的地。
- 在团队会议上安排五分钟的“喊出来”环节，分享个人和商业新闻。
- 在会上做一些建立关系的游戏（可参照下文建议的游戏）。
- 每次会议都鼓励团队成员互动、集思广益和分享想法。
- 为那些在业绩之外做出其他贡献的成员设置一些有趣的奖项，如“总是第一个到”、“出差距离最远”、“最亮的光”及“团队精神”奖项。
- 为每个人制造成为贵宾的机会。例如，为那些邀请了客人共同参会的团队成员预留前排座位，或者对团队成员的生日、入职周年纪念日或特殊成绩表示庆祝。
- 用每年两三次的特别活动来代替定期团队会议，如在当地公园举办夏季家庭烧烤野餐、冬季假期派对或团队保龄球锦标赛。
- 设立“现金优惠券”，并发放给参加会议、取得成绩或参与演示、登记及安排音乐等工作的人员。可以将这些优惠券攒起来，在来年第一次会议现场拍卖产品、业务工具和发放礼品等环节使用（肯定会让来年的开端十分热闹）。

- 提供价值。永远都提供信息、灵感或想法，让参会人员开完会后可以有所收获，觉得自己来参会是值得的。

让团队成员参与到会议中来，将展示、招牌、音乐或餐饮工作交给他们。但是永远不要将迎宾的工作分派给别人。在团队成员签到和离开时，你应该来自站在门口迎来送往。如果让其他人站在门口，你却在布置会场，或者和某个人深谈，你就浪费了让很多人觉得自己重要的机会。

团队会议上建立关系的游戏

快速建立人际关系网络

分发“我是谁”问卷，问卷中包含关于各团队成员的个人和事业线索。让每个人都努力找出符合各描述的对象。

- 谁有三个孩子？
- 谁结婚的时间最长？
- 谁已经订婚了？
- 谁这个月过生日？
- 谁喜欢巧克力？
- 谁是在过去六个月中加入的？
- 谁最近发展了自己的第一个下级？
- 谁这个月的销售额超过了 5 000 元？
- 谁在去年的会议上获奖了？

对那些能答出卡片上所有问题的成员做出表扬，认可他们出众的人际关系技巧。

团队“宾果”

准备一张九宫格的“宾果”卡，上面写着符合一名或多名团队成员的描述，让每个人都找到符合描述的对象。

- 这个星期有四次约见。
- 已经登记参加大会。
- 1995 年出生。
- 和你的生日在一个月。
- 赢得了双人激励旅行。
- 今年升职了。
- 这个月庆祝自己的入职纪念日。
- 这个月又签下了两名新成员。
- 有两个孩子。
- 是空乘人员。
- 过去两个月加入的。

能回答出卡片上所有问题的成员将获得小奖品。

趣味实情

随机向团队成员提出有趣的问题，然后让他们分享自己的回答。

- 你最没有道理的恐惧是什么？
- 你最喜欢吃什么？
- 你最不喜欢吃什么？
- 你在孩童时代最高的天分是什么？
- 说些我们都不知道的关于你的事情。

- 你梦想得到什么车?
- 你暗自崇拜的电影明星是谁?
- 你的梦想是什么?
- 如果你赢得了一张机票，那么随便填目的地，你想去哪儿?

趣味实情第二版

这个版本和上面介绍的游戏相似，但每名团队成员都要想个问题，把它写在纸条上。每个人随机抽取问题回答。

是真还是假

所有团队成员轮流分享自己的一段经历。接着，每个人针对分享的经历到底是事实还是虚构的进行投票。

我是谁

所有团队成员在纸上写出一条有关自己的事实。把纸条都收上来，然后随机抽取，大声念出来。所有人尝试将事实和分享的人对应起来。

快手

将美术纸发给所有团队成员，然后给他们三分钟的时间制作自己的折纸“杰作”。每个人都参与投票，选出谁的作品最棒。

飞翔的手指

将美术纸发给所有团队成员，然后给他们三分钟的时间制作纸飞机。邀请他们分成几个小组，然后放飞飞机。飞机飞得最远的成员就是每个小组的出线者。所有出线者一同竞争最终赢家的荣誉称号。

和公司建立联系

从趋势上看，积极扎根于公司的团队成员创造的价值更高，其留在公司的时间也更长。这一点在参加公司大会的员工身上体现得最为明显。

将公司大会作为成员日程的一个亮点，作为团队的一项集体活动。参加公司大会的费用可能需要千元以上，因此要利用全年时间向团队成员加以推荐，从而让他们有时间提前安排好所需的时间和费用。

- 经常谈论公司大会能提供的价值。
- 推荐时将各种福利作为切入点（包括扩大人际关系网、庆祝、免费礼品、即时新闻、乐趣、新产品、社交活动、通过研讨会收获新理念、能启迪灵感的演讲者），从而吸引不同动机的团队成员。
- 鼓励所有人提早登记。
- 分享旅行建议，如廉价机票或住宿优惠。
- 组织好团队着装。可以是简单的 T 恤衫；如果团队喜欢盛装出席，着装也可以更讲究；公司也可以将主题派对作为公司大会的一部分。
- 分享“预期”和“不容错过”的亮点。
- 持续分享一些鼓舞人心的信息，以提高士气。

— 来了就抓住机会！公司大会的氛围以友谊和乐趣为主题，这两个主题是你收获灵感和理念，从而推动事业更上一层楼的绝佳机会。

— 公司大会是我们全年的亮点。

— 公司大会是让我们从业务中暂时抽身，从而恢复精神，重新积聚活力、继续充电的机会。

到达开会地点之后，将团队成员的体验作为自己的第一关注点。

- 确保每位成员都有室友，确保生活方式上有冲突的团队成员不会被分配到一个房间（如整夜狂欢的成员和每天早起的成员）。
- 在团队成员抵达的第一天晚上，在自己的房间或酒店餐厅举办一场欢迎活动。第一天晚上的活动不要办得太大，不要离酒店太远，因为成员们可能遇上了班机延误的状况，或者到达时早已精疲力竭。你也不希望他们在公司大会上的体验以失望开始。
- 在整个公司大会召开期间都要让团队成员随时找得到你。在公司大会期间，团队成员的情绪可能变得比较激动。你越早下手处理这些强烈的情感越好。
- 让团队保持联系。如果条件允许，可以在开会期间组织几次团队聚会，如团队早餐、团队晚宴或晚会前一小时社交活动和拍照环节，或者在闲暇的晚间举办短程旅行。

不要总是因为忙碌而忽略了对关系的培养。我曾经看到因为所有者和销售团队之间关系松散从而导致整个公司岌岌可危的状况。表达对团队成员的关注，而不是仅仅在意他们对利润的贡献，总能给你带来收获。

重视自己的团队成员

领导者会认可每位成员的贡献，无论对方的贡献大小，无论在事业的上行期还是下行期。事情发展顺利时，任何人都能管理好团队关系。但是真正的领导者永远会把人员看得比利润更重要。

- 没有任何事是理所当然的，也没有任何人是理所应当的。即使最微小的混乱也可能破坏事业的稳定。要谨记：千里之堤，溃于蚁穴！

- 不要被成功冲昏头脑。自我膨胀是很多企业萎靡的根本原因。
- 重视多样性。将培养与所有团队成员的关系作为自己的第一要务，不要受个人偏好或偏见的干扰。
- 为团队和谐设定高标准。你的事业团队注定包含各种各样的性格特征，它们可能本来就无法契合。不要让个性上的冲突破坏团队精神。
- 在获得升职机会或因为团队成绩而得到认可时，一定要分享荣誉。利用这些成绩来鼓舞团队士气，弘扬团队精神。

团队成员离开后也不要断了关系

没有任何一位领导者希望看到团队成员流失，但遇到这种情况时，你一定要做到宽容并且展示支持的态度。团队成员流失是不可避免的，你如何处理他们的离职问题在很大程度上体现了你的领导能力。如果你还能敞开大门，铺好红毯，他们以客户、上家甚至团队成员的身份重回你圈子的可能性就会更大。下面是一个示范。

我们一定会想你的。我很高兴能够与你共事，也很感谢你做出的贡献。我知道，无论你接下来选择从事什么行业，都一定会大获成功。让我们保持联系。我还是会继续给你发送产品名录，我还会邀请你参加我们举办的所有贵宾活动。如果你和朋友有什么需要，你可以通过我订货，我会照顾你的。

检验有抱负的领导者的启发性问题：

- 我是否投入了足够的时间来经营关系？
- 我是否足够了解自己的团队成员？
- 我要怎样进一步了解这些团队成员？
- 我要怎样欢迎新人加入团队？
- 我怎么做才能让潜在发展对象和客户感到受欢迎，但又不会觉得有压力？
- 我要怎样加强自己与团队成员之间的联系？
- 我要如何让自己的团队达到和谐状态？
- 我要怎样让业绩稍逊的团队成员觉得自己得到了重视，觉得自己是重要的？
- 我要如何支持业绩出色的团队成员？
- 我要如何鼓励所有团队成员参加公司大会？
- 我要如何让会议变得更加有趣？如何强调同事情谊？
- 我要如何解决异议？
- 我要采取哪些步骤来加强彼此关系？

把人员看得比利润重

杰西卡·金姆

Barefoot Books 总裁

在经营事业的过程中，我们可能将重点放在业绩上。但是在追求最终目标的过程中，我们很容易失去本心，忽视了真正能让这份事业成功的因素。

我们这个行业靠的就是关系。如果你往后退一步，思考一下生活中的各种关系，你就会知道，最稳固的关系往往建立在多次经历的基础上。在朋友的派对上遇到某个人可能让人愉悦，但是要想建立对方对你的信任感，还要花费更长时间，通过更多的互动。

我们给彼此留下的正面第一印象，会逐渐发展为对对方的深厚了解。双方逐渐卸下心防，彼此的对话也变得更加坦率。我们开始在乎这个人，关心他的需求。我们希望能支持他，帮助他找到任何问题的解决方案，因为我们的关怀是真心的。

在网络营销这个行业，我们不只是在销售产品，我们在为客户提供定制化解决方案。提供定制化并不意味着我们的产品是独一无二的，或者是专门为一个客户制造的。提供定制化意味着我们真心关怀客户的需求，以及我们的产品将如何满足这些需求。

对于大多数公司发送的推销邮件，我和大部分人一样会选择直接忽视。而如果我认识的人向我推荐产品或提供建议，我就会花时间认真听他们讲，因为我知道，他们了解我的需求。

当人们成为推销对象时，他们能意识到。没有人喜欢这样的经历。我们最成功的销售代表是那些真正关心客户需求的，而不是只在意自己如何从销售产品中得到好处的。

通过培养真诚的关系来壮大自己的事业。抽出时间来了解自己的客户，并且频繁地与他们进行互动。关心他们生活中发生的一切，并且让他们知道这一点。对他们社交平台上的发帖进行评论，提出问题，然后倾听他们的回答。将他们看成鲜活的个人，而不是潜在的客户或团队成员。

如果你带着真诚的关怀来经营关系，你的圈子里就会充满追随者。生意会自己找上门，而不是你到处寻找促成生意的机会。

领导者也可以采取同样的方法。在我们这个行业中，最成功的领导者将团队视为自己的血脉。他们会设身处地地为团队成员着想，积极地提供成员需要的东西。他们真诚地关怀团队成员，而不仅仅在意他们的销售业绩。他们会花时间弄清楚成员们加入团队的原因，他们的目标是什么，以及他们面临什么样的障碍。

如果你真心关心自己的客户，销售业绩就会随之提升。如果你真心关心自己的团队成员，他们的忠诚度和投入度就会随之提高。

很多网络营销人员因为被公司产品吸引而加入公司。但仅依靠产品还不足以支撑一份事业持续发展。你的事业有多强大，将取决于你在人员身上投入多少时间，以及你有多真诚地关心他们的需求。

第 16 章

在不精疲力竭的情况下从指导他人中受益

指导他人永远都是从业过程中最能给人满足感的一件事。你指导的团队成员晋升到更高级别时你所感受到的激动，是其他任何事情都不能比拟的。

指导可能占用你大量的时间。下面这些准则能指导你为团队成员提供迅速成长的环境与机会，同时不会让你因此而负担过重，或者无暇顾及其他工作。

不要混淆指导者和培训者的角色

指导者的关注点是行动，而不是信息。他们为团队成员提供指引、支持和鼓励，以便团队成员能培养继续前进所需的优点，同时清除威胁自己进步的缺点。

很多雄心勃勃的领导者都掉进了培训的陷阱，因为他们对培训得心应手。但是如果你的培训内容只是向团队成员提供一些他们自己也能找到的基本信息，就严重浪费了你的宝贵时间。

向团队成员提供更多信息并不能保证对方采取更多行动。经验才是最好的老师，对团队成员而言，最宝贵的经验都是通过在第一线工作、向客户致电、提供顾问意见和演示产品获得的。在这个过程中，他们能最大限度地受益于你的指导、鼓励和支持。

要想在网络营销行业取得成功，不能仅靠放手一搏。只有按部就班地采取行动，才能最终成功。重点关注团队成员在事业轨迹上的每个阶段所要采取的行动。如果你知道他们需要做什么，你就会知道他们需要了解什么。

用大部分时间来帮助那些有工作热情的团队成员

总有一些团队成员需要你投入更多的时间和培训。但是这样做不仅会让你精疲力竭，也不太可能产生效果。因为他们迟早需要亲自上阵。你可以在一旁给他们加油，但是你不能和他们一起参赛。

对待指导，就和对待一场网球赛一样。一旦你把球打到了对方的那边，下一步就需要由他们完成。在他们将第一个球打回来之前再次发球根本没有意义。

每个团队成员都会按照自己的节奏成长。你不能强求，因为试图诱导对方完成其目前能力水平无法胜任的任务，可能事与愿违。想象一下，如果一个三年级学生突然发现自己坐在五年级的课堂上，会是什么感觉。

不要急于给出答案

如果你每次都替他们做事情，那么你的团队成员永远都学不会独立搜索信息。学会提出下述问题：

- 你已经找了哪些来源？
- 你已经进行了哪些尝试？
- 你怎么想？

从一开始就期望对方独立

新加入的团队成员总是需要额外的指导，但是不要鼓励他们在每次查找基本信息的时候都来找你。有目的地引导他们尽快实现独立，告诉他们在哪儿能找到他们搜寻的信息。

- 你提的问题很好。分销商指导手册的第八页就回答了这个问题。
- 要回答这个问题，最好查询入门者工具包中的政策指引部分。
- 如果你登录业务中心，单击“活动”，就能发现答案。
- 在工作室“培训资源”板块下面有一个很好的网络研讨会，专门探讨如何解决异议。我当时觉得这个平台很有用。你参加研讨会之后可以给我打电话，我想知道你觉得有没有用。

不要想当然地认为自己的团队成员能吸收信息

倾听是效果最差的学习方式。鼓励对方提供反馈，这样可以避免他们对关键信息听而不闻。只要做些准备，你就能将重要信息转化为互动练习，然后将它们顺利地安插到会议、通话或网络研讨会中。

练习 1

本练习的目的是帮助每个人了解怎样才能符合年度激励旅行的资格。

在资格期开始时，要求每个人开会时都带上《激励旅行资格指导方针》，要求他们自己带材料能强调个人责任。

提出下列问题，对第一个找到正确答案的员工提出表扬。

- 凭借个人销售业绩最多能获得多少积分？
- 发展下级能获得多少积分？
- 新聘任的团队成员累计订单量要达到多少，我们才能拿到下级积分？
- 下单的最终截止日期是什么时候？
- 评定资格的数字是按批发口径还是零售口径？
- 升到经理这个级别能获得多少积分？
- 积累积分的最快方式是什么？

练习 2

本练习的目的是指导团队成员在朝着激励奖品努力时不要等到最后阶段再发力，以免失望而归。

等到最后一刻再拼命让掉队的团队成员振作精神，不是恰当的领导行为。

依照《激励指导方针》提问，最大限度地降低团队成员因为准备不充分或拖拖拉拉而错过奖品的风险。

- 激励计划什么时候开始？
- 你现在要采取什么行动才能让自己从一开始就进展迅速？
- 激励计划什么时候截止？
- 你应该将自己的目标截止日期定在什么时候？
- 哪几个月最有可能实现最佳销售业绩？
- 哪几个月可能是我们业绩最惨淡的月份？
- 我们可以采取哪些措施来提升这些月份的销售额？

练习 3

本练习的目的是最大限度地发挥新产品名册的潜力。

让每个团队成员都带上产品名册，然后找到下述这些问题的答案。

- 哪些套装的性价比最高？
- 哪些产品可能最受欢迎？
- 有没有哪些限量版产品会提前售罄？
- 产品的与众不同之处体现在哪里？
- 50 元（80 元）以下的产品有哪些？
- 哪些产品的附加值最高，或者客户在付款处追加购买的可能性最大？
- 产品名录中隐藏得很深的亮点产品有哪些？
- 你个人将主推哪些产品？

- 为什么最好尽早预约客户？

练习 4

本练习的目的是提高团队成员的销售技巧。

邀请经验丰富的团队成员随机抽取一种产品，然后“推销”该产品的好处，或者向团队推荐产品。

练习 5

本练习的目的是确保团队成员认清特点和好处之间的差别。

对练习 4 进行简单的调整，就能凸显特点与好处之间的差异。虽然这个理念理解起来很简单，但做起来并不容易。在现场环境下进行演练，能帮助团队成员学会如何避免在现实情境下陷入推销产品特点的误区。

每个团队成员轮流“推销”产品，其他成员投票判断每个要点推销的是产品的特点，还是好处。发给每个人两张不同颜色的卡片（其中一种颜色代表特点，另一种颜色代表好处），让他们通过举牌而不是口头的方式进行投票，活动会变得更有意思。

练习 6

本练习的目的是强调晋升到更高领导层的要求和收益。

组建一个由已经获得领导职位的团队成员组成的小组。邀请小组成员轮流讨论这个级别的成员可以得到的额外好处，包括受邀参加领导会议、参加领导层电话会议这样的特权，而不是仅仅将重点放在财务收益上。

演讲结束后，鼓励听众向小组成员提问。

指导小贴士：如果你指导的内容是薪酬计划，将比例转化为具体的金额，百分比很难让人产生激动的情绪，因为你消费的是金钱，而不是百分比。

剔除过时的、多余的或重复的培训材料

我们几乎被淹没在信息的海洋中，所以不要再制造更大的混乱。努力减少团队成员接收的信息量。

不要盲目地传递资料，这一点尤其重要。反复使用的材料，没法给任何人带来灵感。如果这些材料值得分享，那它们就值得润色。只要稍微加以编辑，就可以从很大程度上提升材料的趣味性。

分享图片也要遵从同样的原则。如果这些图片值得分享，那它们就值得被缩放到正确的尺寸。如果原始图片有瑕疵，就不要分享。

你的团队成员将以你为榜样。如果你在分享材料时抱着漫不经心的态度，就相当于告诉成员们，“凑合”或偷懒都是可以接受的。只有你把标准定得足够高，“足够好了”才是真正意义上的“足够好了”。

我曾经受邀在一次领导者会议上讲话。后面的桌子上摆满了上次开会剩下的讲义。这些讲义上的字体不一致，有些是手写修改的，还有些是复印的，所以经常出现模糊不清或版式偏斜的情况。等待上场时，我把这些讲义收集起来，在一大堆信息里发现了一个不错的理念，并在演讲中和听众分享了这个理念。

“等等！”几个听众同时喊道：“这个想法真不错！你能不能

把刚才说的重复一遍，我们好记下来!”

“你们已经有记录了，”我回答说，“我是在你们的讲义里找到的。”

接着我问道：“谁已经拿了一套讲义？”所有人都举手了。

“谁认真阅读了这些讲义？”大多数人都表现出了迟疑。

“谁会把它们带回去，收起来，然后等到下次大扫除再把它们扔掉？”听众们思考了一会儿之后，大多数人都把手举了起来。

上次开会的这位领导希望能尽可能多地和自己的团队分享信息，这一点我毫不怀疑。但是真正的效果和她的初衷相去甚远。如果她能安排某位员工将这些信息加以总结，可能最终材料只有一张纸的“理念精华”。无选择地分享信息，希望某些信息能给对方留下深刻的印象，既不是有效的沟通，也不是恰当的领导行为。

持续分享理念，不断激发团队成员灵感

指导的关键很简单，就是维持较高的频率。永远都留意寻找新鲜的理念，分享给团队成员。在《成为派对直销的超级明星》一书中，我使用了“火花”这个词来形容能给团队带来灵感、鼓励和激情的小贴士、技巧或窍门。

将重要的培训主题拆分成容易掌握的部分。每次会议上安排 20 分钟的培训环节，每周电话会议上安排 10 分钟的培训环节，这样就足够了。

邀请不同风格的演讲者会让分享信息的过程变得更加有趣。给团队成员分配不同的话题，这样能让演讲嘉宾在做出贡献的同时，也有机会提升自己的沟通能力。

从书籍、视频和会议中汲取想法和信息，然后就是分享，分享，再分享。想法每被分享一次，价值就增加了一些。而将这个想法付诸实践的人越多，它就变得越有价值。最重要的是，不要藏着信息不公开。如果你将好想法藏起来了，它不会变得更好，只能变得过时或陈旧。

让自己的手机在公司会议和大会上发挥作用。以大会新闻推送的形式，用短信将新消息和新理念发送给团队成员。

聪明地做事

充分利用公司提供的众多培训资源，抽出时间来指导新员工和新合作成员。

如果你的公司或上级比较侧重信息，可以将其总结为“你要知道的一切”情况说明表。

客户不买产品、分销商不下单、潜在发展对象不加入团队，是因为他们见多识广；客户购买产品、分销商下单、潜在发展对象加入团队，则是因为他们得到了启发。现实生活中的例子、演示和经历，往往比事实和数据的影响更大。

如果人们看不到、感觉不到、体验不到，让他们购买产品就变得很困难。

指导团队成员给出解决方案

你的团队成员将学到的最宝贵一课，就是在自己能给出可信的解决方案之前，发现问题所在。利用每个机会来强调这条信息：你的客户和潜在发展对象清楚地知道自己想要什么。你的工作就是发现他们想要什么。

相信大家都有过和我相似的经历。我路过一家皮包店，看到橱窗里的男士钱包，忽然想起来我丈夫需要新钱包了。我还没有走进店门，一位销售人员就马上走出来说："您想买包吗？这些都是刚到的货。"我还没有回答，她就拿起离她最近的手包问我："这样的您喜欢吗？"这种推销给人的压力太大，让我失去了购物的意愿。当我走出商店时，她还在进行最后的推销尝试："商店这一侧的所有商品，今天都有特别折扣。"

我希望同样的事情不会在我们这一行业发生，但是事与愿违。我每天都在微信或微博上收到推销信息，发件人甚至连我的基本信息都没看过。"你是否听说过（某家公司）？我们正在寻找像您这样的业务伙伴。"或者"刚刚发现的机会让我很兴奋。请单击这条链接，然后告诉我你的想法。"

这种推销手段实在太粗糙了，我怀疑它是否有效。不要让这种情况在你的团队发生。告诉你的团队成员，无论他们试图推销产品还是从业机会，首先要提问，然后倾听对方的回答，之后再开始提供解决方案。

指导团队成员的事业，而不是人生

你是个指导者，不是顾问。关心你的团队成员，但不要卷入他们的个人问题或和业务无关的个人情况。如果你要为所有团队成员扮演好所有角色，你很快就会精疲力竭。

在整个团队中不断宣传“保持积极态度”的信息，从而让团队成员避免受到强烈的个人情绪波动的影响。

如果有团队成员在你的团队页面上发布了一些不合时宜或过于私人的内容，私下里联系他们，让他们不要这样做。温柔地提醒他们，每个人都有需要处理的问题。如果每个团队成员都把你的页面当作宣泄怨恨的布告板或心理辅导疗程，整个团队的士气都可能受到拖累。在这样的情况下，他们应该向家人和朋友求助。

即使稍微流露出负面情绪，也具有高度的传染性。在编写本书的过程中，我在自己的社交平台上间隔一周发表了两次请求。

第一次是号召大家在社交平台上分享宠物惹祸的照片，第二次是让大家分享自己的上级或团队领导者做的一件让你觉得自己很特别的事情。

在 24 小时内，第一个问题收到的回复有 150 条，而第二个问题只有 12 条。如此鲜明的差距，清楚地提醒我们时刻要保持积极的心态。

切忌没有底线

你面临的最大挑战是如何应对有点儿懒惰的团队成员的需求。提醒：他们通常不会出席团队会议，也不会参加网络研讨会。给自己设定一个底线，你的时间也很宝贵，你需要把时间用在能取得成绩的团队成员身上。

这个问题对很多领导者来说都很敏感。但是如果你不高度重视自己的时间，其他人更不会。建立一些方法，管理要求过多的团队成员。

- 设置“工作时间”，只在这段时间内回复电子邮件和短信。将时段告知整个团队：“这是联系我的最佳时间，我会在这段时间内回复信息。”
- 除非涉及隐私问题，否则鼓励自己的团队成员在社交平台上发帖提问，这样其他人也可以从答案中受益。这种方法还有一个好处是其他团队成员通常会在你抽出时间回答问题之前给出答案。
- 如果有人私下联系你，可以这样说：“为什么不让其他团队成员也参与进来？我希望能够听到他们的建议。”
- 如果某个团队成员的问题太多，告诉对方：“我非常欣赏你的学习欲望。如果你能来参加培训，那么一定会有很大的收获。”
- 如果某些人给你发信息过于频繁，可以拖一阵再回答，这样让对话慢下来。

> 如果你在业绩上能接受对方毫无诚意的承诺和借口，就相当于告诉能力稍逊的成员，可以将他们的问题丢给你。

将个人活动作为重中之重

永远都不要忘记，个人活动是你在从业过程中唯一真正能掌控的方面。因此，不要因为帮助自己的团队而忽略了业务最重要的方面，也就是个人业务活动。

第 17 章

如何帮助弱势新人

在每位分销商的职业生涯中，最神奇的时刻，就是他们开始创业的那一天。在这一天，任何事情、所有事情都可能发生。有些人获得的成功是他们之前无法想象的。

幸运的从业者能遇到认真负责并且关心下级的上级。因为这些上级曾经有过相同的经历，所以能够设身处地地为新人着想，并且愿意引导新人。

你能给予新团队成员最好的礼物，就是在他们最需要支持的时候伸出援手。因为他们刚刚起步，所以需要在很短的时间内学习很多东西。你知道这条道路并不平坦，也许稍有坎坷就会让他们很快失去信心。你还知道，新分销商很容易犯错误，或者偏离轨道。你最不想看到的，就是新团队成员在有机会成功之前就离开了团队。

数据证明了分销商的流失率有多大。一半的分销商会在前三个月内终止事业。经验告诉我，导致新分销商失败的头号原因，就是领导者的经验不足。

你可以在这个方面做得更好。如果你在指引新人的过程中能运用丰富的经验，同时为对方着想，新团队成员就会得到充分的支持与鼓励，能安然地度过前三个月，然后在之后的几年将事业做好、做大。

仅仅凭借热情和兴奋无法保证事业成功起步。成功属于那些在正确的时间采取正确的行动，从而为几个月后的成功奠定基础的人。

在这段“或成功或失败”的时间内，运用自己的知识和经验，帮助新团队成员度过职业生涯中最脆弱的阶段。

- 让他们尽快起步。
- 让他们在旅程中获得最大的收获。
- 尽可能清除职业道路上的障碍。

我曾经听过无数成功的分销商分享自己的故事，讲述上级给自己的支持。如果没有上级在艰难时期鼓励他们、在他们自己的信心动摇时相信他们，他们可能早就放弃了。

回想自己创业的第一天。如果你当时知道的和现在一样多，你会怎么样？如果有人引导你走过最初的一段路，又会怎样？如果有人清楚地知道你应该在什么时间做什么事、知道你会在哪儿摔倒，还知道你摔倒之后要如何爬起来，又会怎样？

在新团队成员起步的前三个月要尽可能多地投入时间。不要在事后批评他们，或者急于判断谁有能力展示出色的成绩，谁的资质只适合埋头苦干。并不是所有的成功者一开始都进展神速。每个人都有自己的节奏。至少要三个月才能准确地评估新人的潜力，以及他们在事业轨迹的下一个阶段需要什么支持。

三个月后判断新成员是否有潜力成为领导者的指标：

- 温和的性格；
- 乐观的态度；
- 稳定的发挥；
- 已经开始发展下级；
- 定期服务客户；
- 增加收入的意愿；
- 投入时间的意愿。

为新团队成员规划一份可以复制的起步计划，然后加以执行。和团队中的每个人分享，让他们按你的方法做事。可复制的计划是保证每位新团队成员都有平等机会获得成功的唯一方法。

将公司为新分销商设定的培训和奖励计划综合起来，再结合具体步骤，以便为新团队成员提供应有的支持。

第一步：为他们设定方向

开创事业和发射火箭船一样，无论推力多大，首先必须瞄向正确的方向。

所有在家工作的创业者都面临的一个共同挑战，就是容易受到干扰。虽然想避免所有的干扰因素是不可能的，但是你可以帮助他们尽可能地减少干扰，具体方式就是确保新团队成员明确知道自己前进的方向。如果他们并不清楚自己的目标，那么他们很容易迷失方向。

不要将这个问题复杂化。可以解释说，这就像决定他们想去哪儿，然后朝着目的地前进一样简单。通过下述问题帮助他们集中思路。

- 对你来说，成功意味着什么？
- 如果今年这份事业能为你创收 1 万元，你会用来做什么？
- 如果你能赚到 25 万元，你要怎么花？
- 每周多赚 2 500 元会给你的生活带来哪些不同？
- 如果你的愿望能成真，那么你今年的个人愿望是什么？
- 如果你的愿望能成真，那么你今年的家庭愿望是什么？

他们对自己的目标越富有热情，就越会专注，干扰因素对他们的影响也就越小。帮助新团队成员确定一个能一直鼓舞自己前进的目标，正是你发挥领导作用的一个方面。

要挖掘对方真正的目标，而不是对方匆忙设定的目标，更不是对方自认为应该设定的“合理”目标，你不仅要为对方着想，还要有些耐心。推动人们进步的是他们想要的东西，而不是他们需要的东西。

快问快答可能帮助你找到答案：“你刚刚拿到了 50 000 元，你会用来干什么？”不假思索的答案通常能最准确地反映人们内心最深处的动力。

不要想得太远，或者操之过急。现在谈论六位数的收入或乘坐豪华游轮旅行还为时尚早（除非你的公司刚刚宣布将游轮旅行作为激励奖品）。选择一个较近的目标。如果目标很远大，时间表却很模糊，就无法形成激励新团队成员马上开始努力的紧迫感。让他们将注意力放在一个目标、一个年度上，一步一个脚印。

第二步：增强新团队成员对事业和自身的信心

几次小的失败会让信心开始流失。能为别人着想的领导者知道，不断提升团队对事业及自身的信心有多么重要。

这一点对那些有很多东西需要学习的新团队成员来说尤其重要。强调你对他们的信任，让他们从一开始就信心满满。例如："我知道你一定能做到，我也很愿意帮助你。就目前而言，最重要的是你朝着自己的目标前进，不要受其他因素干扰。几次失败很正常。如果你遇到了问题，那么我们可以共同努力，想办法避开这些问题。只要你愿意努力工作，愿意学习，就一定能成功，我坚信这一点。"

如果我们的车只是遭遇了小剐蹭或小故障，我们不会扔掉它。我们会解决问题，然后继续上路，朝着我们的目的地前进。对待事业要采取相同的态度。你越早能够发现问题并解决问题，就能越早重新回到正确的轨道上来，朝着自己的目标迈进。

经常重复强调自己对新团队成员的信心。当他们遇到障碍时，提醒他们："这次的失败只是暂时的。只要你专注于自己的目标，不因一时的起落而偏离既定的轨道，你就一定能到达目的地。学会坦然地应对挫折，这也是我们所有人都要经历的学习过程的一部分。"

第三步：要求对方承诺

你可能面临的最大问题，就是新团队成员可能低估这份新事业的潜力。如果他们在一份事业上投入了十几万元，他们就不会放弃。但在这份事业上，他们的投资只有几百元。正是因为这个原因，你需要强调这份事业的价值，而不是他们的初始投资。

分享自己最初的经历，有助于建立信任感和情感上的共鸣。例如：

我刚开始创业时，根本不知道自己能如此成功。我加入这个行业，是因为（我们当时要支付昂贵的医疗费用）。但是从此以后，一切都变了。就在第一年，我们就（还清了所有债务，并且开始为了买房而攒钱）。我从来没有想过再换一份普通的工作。我现在的收入，已经达到了之前全职工作时的水平，但我可以和妻子、孩子待在家里。我之前从来都没有想过自己也能做到这样，我知道，你们也能做到。

现在，就是要求他们做出承诺的时候了。

我承诺，将尽我所能去帮助你。但是我希望你能承诺我两件事情。第一，你不会因为自己投入的财力很少，就低估这份新事业的潜力。你背后有我的支持，也有整个公司的支持。你希望自己的事业能够达到什么程度，就能达到什么程度。

第二，在没有实现自己设定的目标之前永远都不要放弃。这是你的事业，所以你要投入多少时间、多少精力，都由你自己决定。但是，我要确定，你为实现目标所倾注的努力和我为帮助你所付出的努力，是能画上等号的。

一开始就对对方的投入程度提出期望，这样可以让你们之间的业务关系沿着正确的轨道启动。

第四步：减少文案工作，从而让他们有更多的时间从事人际工作

如果你能下载一份日历，在上面标出前三个月的关键日期，就能为新团队成员节省大量的时间，减少不确定性。这些日期包括：

- 新分销商奖励计划截止日期；
- 新分销商培训；
- 团队会议；
- 公司活动；
- 公司目前的激励活动；
- 业务启动；
- 约见观摩（他们陪你一同出席某次客户约见）。

公司网站信息是一个巨大的干扰因素。你可以直接告诉他们首先浏览公司网站上的那些重点板块，以免他们浪费时间。

吸收大量的产品信息也会花费大量的时间。建议他们在最初几次客户约见中，从几种核心产品或服务入手，然后随着自己的信心逐渐增长，再加入新产品。

确保他们知道一开始最好做什么，就能帮助他们避免在没有效果的领域投入时间。以下这些初始步骤应该是他们的重中之重。

- 创建自己的联系人名单。
- 邀请客户参加自己的开业活动。
- 约见客户，获得订单。
- 分享自己的产品和服务。

第五步：参加他们的开业活动，接触他们内部圈子的成员

开业活动提供了一个完美的机会，可以帮助新团队成员鉴别他们内部圈子中的哪个人能成为他们发展的第一个下级。这是个能实现共赢的机会。

- 他们作为新分销商能获得发展下级的奖励。
- 他们将朝着成为领导者的方向迈进。
- 如果这名新团队成员离开了团队，那么你可以取代他的位置。
- 你给其他人提供了创业的机会。

每个参加开业活动的客户都能够提升新团队成员获得约见和发展下级的机会。建议他们尽快安排活动，尽可能多邀请一些客户，在发送请柬之前亲自给客户打电话。如果在活动前两天打电话提醒他们参加，就会减少他们不来的风险。

第六步：安排约见，获得订单

新分销商越早学会如何制造约见和订货的机会越好。明确地告诉他们，他们最初得到的面谈和订单将来自个人的内部圈子，但他们要很快学会如何获得持续的约见和推荐机会。任何人都能在朋友和家庭成员的支持下开创一份事业，但是如果仅仅依靠这些亲友的善意，那么他们无法将事业维持下去。如果没有持续的约见，那么他们在庆祝自己入职三个月纪念日之前就会没有订单，而你为了这些下级所投入的所有努力也都白费了。

这是需要关注的最重要的一个方面，所以不要有所松懈。经常关注新团队成员安排了多少次会谈。如果他们很难获得面谈或订购机会，你越早干预，成功拯救这个即将失败的团队成员的机会就越大。一旦他们发现没人能联系，就已经到了事业的低谷。而你的救援行动也会越发艰难，成功挽救对方事业的可能性也微乎其微。

他们联系人名单上的名字越多，能致电的对象就越多。利用第 8 章中“我认识谁”的问题来启发自己。一开始就定下高标准，要求他们在第一周内获得 100 人的联系信息。

让团队中的新分销商尽快加入社交媒体。这样做不能代替亲自打电话或亲自拜访，但这是一种宣传创业的有效方式。在他们的新闻推送板块发帖“欢迎加入（公司）”，以此来打开局面。

团队中的新分销商和联系人交流的时间越长，他们的事业步入正轨的可能性就越大。并不是每个通话对象都会接受推销，所以让他们做好需要打很多电话的准备。持之以恒才是关键，因此要给他们设定一个目标，要求他们每天都给十个潜在发展对象打电话。你可以和他们分享一些有帮助的小贴士。

- 如果你能将重点放在重拾或增强人际关系上面，而不是短期内的销售成果，你的长期业绩就会有所改善。在你提及自己的事业之前，表露出对对方生活中新变化的关注。

- 让谈话尽可能轻松。现在还不是采取高压手段推销业务的时候。
- 不要担心对方回绝。给自己的联系人回绝的机会。
- 不要过度兴奋，以免给对方造成压力。给朋友思考的时间。敏锐地处理他们的回绝。面对对方的拒绝要保持仪态。对方现在回绝并不意味着永远都会回绝。
- 接受这样的事实：有些面谈机会可以很轻松地获得，而有些机会可能需要投入更多努力。保持积极的心态，不断给对方打电话，你就一定会获得面谈的机会。

尽量从一开始就给新人灌输好习惯。例如，"将大多数面谈安排在每月的前三周，这样就不会完不成月度销售目标，也不会（失去 5%的奖金）。一些面谈可能最后取消或延期了。但只要不是月末，你还有时间安排其他面谈来代替，这样就不会产生问题。"

如果你从事的是派对直销生意，建议新分销商将派对宣传为姐妹聚会的完美借口。让谈话尽可能轻松，可以聊些有意思的事，谈谈朋友和免费的产品。建议他们打电话之前发送一张目前的激励方案。之后再打电话告诉对方："我可以发些赠品，你想要吗？"

第七步：重点关注新分销商奖励计划，激励员工提升业绩

大多数公司都设立了针对新分销商的奖励计划，从而让新人将重点放在能帮助他们尽可能实现事业开门红的行动上。得到这些奖励可以增

强他们的信心，所以要热情地推荐这些奖励计划。

如果他们没能得到奖励，马上让他们将注意力放在下次的奖励计划上。如果新分销商总是不能获得奖励，这些奖励计划很快就会发挥相反的作用。失望是导致从业者离开这一行业的根本原因。

第八步：让他们趁着热情高涨，尽可能提早努力

熟能生巧。要想在这个行业达到游刃有余的程度，唯一的办法就是专心工作。提醒新团队成员，他们的目标是销售产品、签下订单及发展新团队成员。如果他们表示自己总是很紧张，告诉他们："有点儿压力很正常。这表明你迫切地希望把这份工作做好。成功销售几次产品之后，这种紧张感就会消失。"

第九步：密切关注新团队成员的最初几次面谈，从而判断他们的长处和短处

在最初几次面谈之前给对方发短信："祝你好运！"并且附上新分销商需要的培训技巧，鼓励对方。要求对方用信息将面谈结果发送给你，以便追踪他们的进展。尽可能在面谈后给他们打电话跟进，为新团队成员提供反馈和指引。

可以设定一些简单的文字或数字代码，以快捷而高效的方式获得约谈成果的即时反馈，之后再打电话跟进，给对方指导。

会面结果可以表示为 400+2+1，代表销售额 400 元，两份订单，一条生意线索。

可以将“是”作为成功签订大单、订货量较大或自动送货订单的代号。

第十步：鼓励对方保持热情和自信

新人在遭遇几次挫折之后就会失去信心。你可以运用大量正面的鼓励来增强对方的信心，从而抵消一些消极因素的影响。例如，“你是我们团队和我们公司的宝贵资产。我相信，几个月之后，你就会告诉我，这是你人生中最正确的一个决定!”

诚实地反馈对方。如果你只是虚伪地称赞新人，或者表扬对方并不出色的业绩，对方不会得到任何好处。例如：“你的进步速度可能没有达到你的期望，但你学到了很多东西，我也很欣赏你的坚持。最开始的几个月总是最艰难的，所以要坚持下去！你很快就会看到成果。我建议你接下来（然后开始让话题变得轻松一些，重点发掘潜在发展对象在生活中遇到了什么事情。他们要确信你记挂着他们的最佳利益，才能认真听你告诉他们什么）。”你的反馈应该是具体的、真诚的。

不管发生了什么事情，在新团队成员加入的前三个月，要投入时间和关注来帮助对方。你知道你给了对方最好的成功机会，这一点也会给你带来满足感。

第18章

庆祝每件事情

每家网络营销公司都会将庆祝作为一项重点活动。我们这个行业的重要使命之一，就是给予对方他们在日常生活中很少能得到的认可和赏识。

我们在公司的新闻布告板上欢迎新分销商的加盟，在公司大会上激发员工的热情、激情，让他们获得乐趣。我们抓住每次庆祝的机会。一些公司甚至将自己的年会称为“庆祝大会”。

虽然你不能追赶公司表彰大会的规模，也不能效仿公司活动的声势，但是你和团队成员之间的关系更为亲密，这是你可以利用的优势。你贴近团队成员的生活。即使不认识他们每个人，也认识其中的大部分。把握每个机会，让团队成员知道自己属于一个屡战屡胜的团队，这个团队的领导者支持他们迈向成功。大声表达自己对这份事业的自豪感，以及你对公司、产品和团队感到骄傲。

任命自己为团队的“啦啦队队长”，将庆祝作为自己业务战略的一部分。

每年举办三次全团队社交活动。在新年伊始举行“恢复营业”派对，规划年中的社交盛会，在每年年底安排一次庆祝活动。如果团队成员能玩在一起，他们就会紧密地团结在一起。

在某月专门表彰为你的事业做出贡献的人员。

- 客户答谢月。
- 团队答谢月。
- 主人答谢月。
- 订购客户答谢月。
- 家庭答谢月。

不要放过任何表彰团队成员积极性的机会。鼓励他们分享自己产品的展示、卖场货架展示、推广活动和展会。

在团队页面上多分享表现团队成员在会议、业务及社交活动中获得乐趣的照片。鼓励他们在参加公司大会的路上或开会期间分享自拍。尽可能多展示一些团队成员。没有人愿意每次都看到同样的面孔，而且这也是向表现欠佳的团队成员展示你重视他们的机会。

每次开会时都面带笑容地欢迎每位到会成员，和对方握手或拥抱。告诉他们“你能来，我很高兴”，“很高兴见到你”，或者“欢迎回来”。

在团队成员过生日时、入职纪念日，或者他们庆祝任何事情的时候对他们表示认可。采取有趣的方式。例如，买一摞超大号的庆祝帽子，让他们在整个开会过程中都戴着。

抓住任何能让人开怀大笑的机会。鼓励每位团队成员在会上或社交平台上分享自己在业务上的失误。领导者注意观察，注意倾听，就会发现很多有趣的小插曲。在年底会议上设置一个“年度洋相大奖”颁奖环节，肯定会成为这次会议的重点。虽然你的目的是培养一种幽默感，但是对错误和失败采取积极的态度，是促使成员审视它们的一种巧妙方式。

对于业务中最重要的活动，不要完全依靠自己的力量。邀请团队中最活跃的成员组建一个团队庆祝（或趣味）委员会，帮助自己规划特别活动和表彰活动。

热情地公开庆祝每份成绩。强调成绩的做法能提升每位成员对事业的信心，并且促使他们集中精力，专注于能取得成果的行动。庆祝团队成员在事业上取得的成绩有很多方法，要注意涵盖参与程度和级别不同的所有贡献者。

第一份订单	销售额第一次达到 30 000 元
第一次约见客户	销售额第一次达到 60 000 元
第一次举办派对	销售额第一次达到 30 万元
第一次签下提前订购或参与优惠活动的客户	销售额第一次达到 60 万元
积累了 50 名活跃的提前订购或参与优惠活动的客户	累计销售额达到 150 万元
在第一个月内获得十次约见客户的机会	累计销售额达到 300 万元
在第一个月内举办了六次派对	累计销售额达到 600 万元

第一次发展下级	第一次拿到薪酬
在第一个月发展两名下级	薪酬第一次达到 5 000 元
第一次发展其他省的下级	薪酬第一次达到 25 000 元
第一次发展其他国家的下级	薪酬第一次达到 50 000 元
第一次有团队成员晋升到第二级	连续 6 个月表现活跃
所有级别的团队成员都有十位	一整年表现活跃
销售额第一次达到 5 000 元	第一次获得季度销售冠军
第四次获得季度销售冠军	第二次获得季度销售冠军
第一次获得发展下级的季度冠军	第三次获得季度销售冠军
第二次获得发展下级的季度冠军	第一次晋升为领导
第三次获得发展下级的季度冠军	第一次参加公司大会
第四次获得发展下级的季度冠军	自加入以来每年都参加公司大会
第一次获得个人销售奖金	第一次参加团队会议
第一年的入职纪念日	今年每次团队会议都参加
获得首月新分销商奖励	销售额最稳定
获得第二个月的新分销商奖励	发展下级的表现最稳定

获得第三个月的新分销商奖励	成为团队的销售冠军
头衔首次升级	成为团队发展下级的冠军
之后的头衔升级	销售额排进团队前十名
前三个月保住原有头衔	发展下级的成绩排进团队前十名
六个月内保住原有头衔	月度活跃团队成员（按百分比计算）
12 个月内保住原有头衔	第一次激励旅行
每次头衔升级的周年纪念	第一次获得激励旅行
	获得的激励旅行最多
	获得公司奖项
	首次在展会或卖场订位
	一年开办了十次展会

啦啦队队员之所以是锦标赛不可或缺的组成部分，表演者之所以将前排座位预留自己最狂热的粉丝，都是有原因的。如果人们身边环绕着最坚定的支持者，人们就会觉得自己更加强大，能实现更高的目标，也会更加努力。做团队成员的头号粉丝，并且让他们感受到这一点。

网络营销的领导者都是遵从本能、直觉敏锐的啦啦队队员。他们永远不会错过为自己的事业、团队成员和有幸领导的团队欢呼的机会。

第 19 章

如何利用竞争来激励团队成员

最成功的团队成员，往往是竞争意识最强的，认可和级别是他们的首要目标。询问任何成绩突出的成员，他们的动力是什么，你经常会得到下述答案。

- 我想成为第一名！
- 我希望能在明年的公司年会中上台领奖！
- 我想向自己证明我能做到！
- 我希望家人看到我也能成功！

良性竞争能激发最有抱负的团队成员和那些努力在每件事情上都表现出色的人拿出最佳表现。

利用以下这些能鼓舞人心的话语来激励团队中的新星。

- 我觉得你的潜力很大。
- 你绝对有当领导的潜力。

- 你有机会成为领导，千万不要错过机会。
- 如果你有这个目标，就一定能在召开公司大会之前当上经理。

经常在团队中发起一些挑战。最有效的挑战，其目标简单、精练且具体，如 24 小时订货闪电战、为期三天的发展下级挑战。

在发起挑战之前，考虑下述问题。

- 我想实现什么结果（如在公司激励计划开始阶段大幅提升业务量）?
- 我能不能将这次挑战和公司现有的奖励结合在一起?
- 挑战的内容是什么?
- 时间期限是什么?
- 如何公布此次挑战?
- 如果鼓励所有团队成员参与?
- 如何在整个挑战项目进程中维持团队成员的干劲、热情和专注度?
- 我要如何认可和奖励最终完成挑战的成员?

每次有团队成员突破了之前的“个人最佳”成绩，都要发送祝贺短信，并且在团队页面上滚动播出庆祝信息，表示对成功者的认可。

让表现突出的团队成员在友好竞赛的精神下彼此竞争，具体方式是推出“打破团队的最高纪录，打破自己的最高纪录”挑战项目，认可在销售或发展下级方面打破个人或团队纪录的团队成员。在持续开展竞赛的同时，还可以举办团队终身成就排行榜。

任何等级的团队成员都可以参加“打破自己的最佳纪录”挑战。在参与过程中，他们只需要记录自己整个时期销售和发展下级成绩最好的月份，或者通过一对一面谈或团队推广活动实现的最高销售额，看看能不能打破自己之前的纪录。

发起“首先冲过终点线”挑战，以此激励最具有竞争意识的团队成员，如“第一个获得激励旅行”，“本月第一个成功发展下级”等。

如果一个月内两个或更多的团队成员在争夺第一名的竞赛中齐头并进，鼓励他们彼此竞争。虽然你必须考虑到领先者的性格特征及他们之间的相互关系，但是在月底到来之前分享谁领先的信息，可以激发他们的竞争精神。

不要纵容自己的明星团队成员变得自负。在每个月的最后几天向他们发起即兴的挑战，让他们实现更高的销售额，或者再招聘一位下级。

显然，你需要挑选出谁能从挑战和竞争中获得激励。并不是所有人都能通过竞争得到激励，但你会发现，竞争激励对意志最坚决的团队成员一定有效。在选择向谁发起竞争挑战的过程中，依据自己对团队成员个性特征和志向抱负的了解来做出决定。

鼓励最有进取心的团队成员，最有力的手段之一，就是让你的个人业务活动成为标杆。当他们看到你的名字出现在公司排行榜的第一名时，他们就会为自己有一位能效仿和依靠的上级而感到骄傲。记住，永远都身先士卒。

我的创作生涯刚刚起步时，一位畅销书作者给了我一条宝贵的建议：“出版商每周都会收到上千份投稿，但是只有不到1%的书有机会出版，而其中销量能超过 100 000 册的图书更是少之又少。所以，如果你想成功，就需要和这前 1%的书的作者竞争。”

每当我产生了“我觉得这已经够好了”的想法，我就听到有个声音告诉我："不要松懈！你在和最好的作者竞争，而不是和剩下的人竞争。"

这个道理，适用于所有尝试。

竞争不一定要和业务相关。在周末举办棒球友谊赛，或者在工作日晚上组织保龄球锦标赛，不仅可以激发团队成员的竞争精神，同时还能够提供社交和扩展人际关系网的机会。

想办法让那些进步缓慢但表现稳定的团队成员也参与到认可项目中。这些稳定的团队成员可能永远都得不到应得的认可，除非你有意将他们包含进来。但是实际上，他们也应该得到认可，甚至应该得到更大的认可。如果你能承认他们稳定的表现，就会让他们心怀感激。

记住，竞争过于激烈会导致竞争意识欠佳的团队成员或因个人状况而无法参与的成员士气下滑。经营事业的时候，对每位团队成员都应该满怀感激和赏识之情，无论他们的贡献是大是小。

第5部分

走进未来

第 20 章

成为出色的指挥者

我对第一次现场欣赏管弦乐队演奏的情景记忆犹新。这么多演奏不同乐器的音乐家，居然能完美地演奏出一篇乐章，这让我感到很震撼。我能理解在音乐会落幕时，听众们为什么报以热烈的掌声。

但是只有一件事让我很困惑。当乐团指挥者转过身来鞠躬时，观众的掌声差点儿把屋顶掀翻。让我肃然起敬的是那些音乐家，在我看来，乐团指挥者的作用是最小的。他根本就没有演奏任何乐器。挥舞一个指挥棒需要多少才能?

这只是我当时的想法。现在，我已经认识到乐团指挥者才是音乐的创造者。无论演奏者多么有才华，演奏的品质还是由指挥者能否激发每位演奏者拿出最佳表现而决定的。

做自己团队的指挥者。无论吸引团队成员加入的原因是什么，他们给团队带来了怎样的抱负或才能，你都要学会从每个成员身上挖掘对方的最佳表现。知道如何收获每位团队成员所蕴藏的潜力的领导者，永远都是最成功的领导者。

很多成员刚加入的时候产出都不高。一些成员可能永远都是这样，因为他们没有任何抱负，或者他们还有其他事情要投入精力。只有有限的几个人才有成为明星成员所需要的意愿、冲劲和自律。但他们中的很多人不会一开始就展露出这些明星特质。

很多人在加入团队的时候并没有当领导者的想法，但是因为你发现了他们的潜力，并且运用自己的技能和经验挖掘出了他们的潜力，所以他们最终成为领导者。

永远不要低估自己激励团队成员消除自我怀疑、放弃安逸以成为明星团队成员的能力。每份薪酬计划中的最高奖励，都是针对那些能培养成为领导者，由其培养的领导者又进一步发展其他对象的人的。激励每位团队成员超越自己刚加入团队时的潜力，将其作为你的使命。

也许你很幸运，正好遇上了一位在你的人生中扮演关键角色的导师。这位导师可能是一位教师或教练，他们在你树立自信之前，就已经开始信任你了。这个人也可能是你在工作场合遇到的一位领导者，他带领你走出自己的保护壳；这个人也可能是你的上级，鼓励你朝着更高目标努力，克服自我怀疑，并为你扫除阻碍。我们中的很多人，都要感谢总是在启发我们、鼓励我们的领导者，他们给了我们成长的自信，以及追求理想的路径。

我最开始意识到一个人能施加多大的影响，是因为年轻时的一段当实习老师的经历。我们的培训内容包括在学校进行实地考察，从而积累课堂经验。不久之后，我就注意到，我考察的每个学校都有独一无二的文化。这种文化体现为综合办公室的行政成员欢迎我的方式，以及工作原本就已经很繁重的教师面对给他们带来额外工作量的年轻实习教师有怎样的反应。

这种文化还体现为学生在操场上彼此相处的方式，老师在员工办公室沟通的方式，以及学生和教师在教室里互动的方式。

这和学校地点没有任何关系。我曾经在各种社会经济条件的学校工作。我发现，这种文化完全取决于校长所树立的榜样。领导什么样，团队就什么样。

我在拜访的每家公司中都看到了同样的现象。首席执行官的榜样对每个级别员工的士气和表现都有直接而深远的影响，从前台到高层管理人员。没有任何一名领导者是中性的。他们的影响永远都是正面或负面的。

你也可以自己注意观察。你会发现，一个人会对其他人产生多么巨大的影响。观察当地的零售商店、餐厅和公司的员工。有些员工幸运地遇到了专注并能产生情感共鸣的领导者，所以他们在工作中更加快乐，也更加自信，在与同事、服务供应商和客户互动的过程中所展示的包容度和积极性也更高。

很多在网络营销行业成绩最好的从业者，刚开始这份事业的时候目标很短浅。但是因为从他们的上级或团队领导者那里得到了启发和鼓励，这些小目标逐渐发展成了远大的目标。

作为团队的指挥者，发挥自己的影响力，激励所有团队成员树立远大的理想并不断地朝着目标努力，不管自己需要克服怎样的失望和干扰。让你积极而乐观的声音压倒所有怀疑者和贬低者的声音，让团队成员对事业和自己更有信心。

技艺超群的指挥者不会敦促每位成员一直发挥最佳水准。熟练的指挥者会发觉每位团队成员的才干，然后寻找合适的时机鼓励他们发光。一些表现并不突出的演奏者可能蕴藏着深厚的潜力，只是在等待一个展示自己真实能力的机会。其他人可能因为个人状况发生了变化，在这种激励下提升了个人水平。随着人们的处境不断变化，人们的目标可能立刻随之发生变化。

这个行业之所以能给人激情，是因为无论团队成员入行时有什么样的抱负和才干，他们的机会都是无限的。如果他们的领导者能有的放矢地积极激发每位团队成员的最大潜能，那么他们成功的机会就更大。

如果能密切关注每位团队成员的活动和成果，你就会成为更好的团队指挥者。

- 让你的团队成员专注于最有成效的业务活动，鼓励他们将一对一或团体产品推介作为核心活动。
- 建议他们将个人日程视作对业务情况的唯一精准考量。要求他们在每个月开始的前一周以文本或信息的形式，将自己安排约见、派对或推介活动的情况发送给你。
- 将他们的约见情况和他们给自己设定的目标进行比较。通过简单的计算就能判断出他们超过、达到或无法达到目标的可能性有多大。趁还有时间安排更多约见迅速解决问题。
- 鼓励他们采取积极的策略来实现自己的月度销售目标。例如，在月初就安排好约见日程。这样，如果某个约见取消了，他们则还可以重新安排时间。
- 每周追踪活跃团队成员的日程表。这样，必要时你可以插手，针对如何弥补已被取消或没有成功的约见给出自己的建议。

对待自己的生意不要采取顺其自然的态度。学会在每月月初对业务情况进行评估，并且随着当月的展开不断跟进。如果你把这项工作留到月末，要想再采取积极的行动就太晚了。不要因为重视不足而导致业绩不够，进而影响自己的整体收入。

如果你要通过一对一面谈的方式销售产品或服务，评估某月业绩最有效的方式，就是看有多少次会谈。

- 如果你要维持自己的领导等级并获得每月奖励需要达到 50 000 元的销售业绩，而团队的平均月销售额是 5 000 元，那么整个团队就要拿到十笔销售订单。如果按照团队平均值，三次约见可以转化为一笔订单，那么你每个月至少需要 30 次约见，还需要再加上几次，准备好应对约见取消的情况。
- 如果你从事的是派对直销，追踪月度目标最有效的方式，就是统计派对的数量。如果你需要达到 50 000 元的销售额才能维持领导级别并获得奖金，而每次派对的平均销售额是 2 500 元，那么你的团队必须安排 20 场派对。
- 按照最低值计算。如果每场派对的平均销售额是 2 500 元，则按照 2 000 元计算。这样可以为应对因约见连串取消或销售额不及预期而做好准备。

如果你作为团队的指挥者愿意身先士卒，每个团队成员都会有更大的成功机会。如果你在领导的过程中侧重启发与影响队员，那么你对整个团队的影响将是巨大的。如果我们身边围绕着总是充满了干劲、激情和动力的人，我们自己也会成为充满干劲、激情和动力的人。如果你能激发每位团队成员拿出自己最好的表现，整个团队就会达到巅峰。

第 21 章

勇于改变——这是你的竞争优势

这个行业最令人激动的一点，是我们永远站在创新和变革的前沿。一些行业抗拒变革，而网络营销永远都以变革为动力。我们是下列方面的先行者。

- 带着产品去找客户，而不是等着客户光顾。
- 为客户提供一周 7 天一天 24 小时的购物便利。
- 在虚拟办公室、家里甚至任何地方工作。
- 利用电话来遥控我们的事业。

变革是不能回避的、忽视和逃离的。面对变革，你唯一的选择是张开双臂欢迎，否则你的事业就会变得陈腐过时。你要接受的不是部分变革，而是全部变革。

想想你在公司推出新产品、新包装或促销活动时，你有多激动。你之所以会有这种心情，是因为这些新气象能给品牌注入新活力，同时也让你有完美的理由吸引客户。

不管我多喜欢一种产品，如果该产品升级了或停产了，那么它只能成为过去式。牢牢抓住已经过了保质期的产品，不能给你或你的客户带来任何好处。

我最喜欢的一款面霜使用了新配方？那我就有完美的理由致电客户，告诉他们："如果你喜欢原来的产品，你也会喜欢这款新产品。调整配方后，这款产品（能更深入地渗透肌肤，效果更持久/能让你的皮肤更有光泽）。"

我参加所有展会时戴的镯子已经停产了？那我永远都不会再戴。因为称赞你首饰的人也不想听到："这是上一季的产品，现在已经买不到了。"

我销售给 90%的客户的保险计划已经有了更新版？那我马上会打电话告诉客户我有个好消息要分享："我们公司已经对我们最畅销的保险计划进行了升级。如果你这周有时间，我可以去拜访您，向您介绍为什么这份新产品对你更有好处。"

推陈出新。变革可以避免我们墨守成规，也可以避免我们的服务过时。

> 最后成功生存下来的，不是最强大的物种，也不是最聪明的，而是最能适应变化的。
>
> ——佚名

接受公司对项目、政策或计划的改动也同样重要。不要浪费时间质疑或抱怨公司的决策。即使你看不到任何价值，也要顺其自然。

公司不会因为心血来潮就采取任何变革，因为它们知道变革会造成不安，所以每次变革都有合理的原因。

- 可能需要更严格的政策，从而保护大多数分销商免受个别人问题行为的影响。
- 可能需要对薪酬计划做出调整，从而在表现活跃的员工中更平均地分配奖励。

任何一家公司，如果无法变革，很快就会被淘汰，无法为分销商提供所需支持。你可能无法欢迎或同意每次变革，但对任何一段健康的关系而言，妥协都是一个必要的组成部分。将自己的态度从忽视或对抗调整为因为改变而兴奋并充满干劲。

不要强调自己无法控制的事情，或者抱怨业务上的调整，而是转而思考：我如何最大限度地利用这一变化来发展自己的事业？躲避、忽视或抗拒变化，是有意识破坏业务的行为。

你的团队成员如何应对变革，是衡量你领导能力的一个标准。作为公司和团队之间的桥梁，你的工作就是向团队成员宣传变革，并在他们的顾虑发展成为干扰因素之前就把它们解决掉。在讨论变革的过程中，永远都要重复并强化这一信息："公司永远都将我们的最佳利益放在中心地位。"

变革对你未来收入的最大影响，由你如何面对更年轻的群体决定。千禧一代将成为网络营销下一次飞速崛起的动力，因为他们有机会也有勇气去追求父辈只敢幻想的生活方式。不管你多大年纪，你都不能错过

可以确保你的事业未来有稳定剩余收益流入的机会。剩余收益，就是你因为今天的工作而在明天获得的收益。

如果你到了一个新的国家，你需要进行一些调研，以最大限度地利用自己的经验。如果你希望进入千禧一代的领地，就一定要愿意了解这些未来的团队成员和领导者。他们的认知建立在与你截然不同的经历基础上。下述步骤将同时带给你启发和乐趣。

1．从他们的角度看待问题

- 观看面向年轻观众的电影，学习年轻人喜欢使用的词语和表达方式。
- 把电视调到年轻观众喜欢的频道，注意观察节目和广告在内容和表现上有什么不同。
- 订阅面向更年轻群体的公司的推广邮件，观察信息传达及用语上的不同。
- 听当前流行歌手的音乐。
- 经常去能吸引年轻人的餐厅和商店。

2．征求反馈

- 给年轻的朋友和家庭成员看自己的产品名录，看看他们喜欢哪些产品和信息。
- 和年轻人分享自己的宣传册，让对方告诉你，他们对哪些方面有响应，哪些方面没有。
- 如果有什么不懂的地方，直接向年轻人寻求帮助，他们会很愿意教给你。

3．主动站到年轻人面前

- 主动向高中生或大学生介绍加入自己事业的优缺点。
- 在面向年轻市场的厂商活动上预订展位，邀请年轻的团队成员或朋友和你一起布置展位。

4．改变自己传达信息的方式

- 要成为网络世界的活跃分子。千禧一代只生活在网络世界中。如果你不愿接触新技术，就无法与他们有效地互动。在这方面，你不需要无所不知，但也不能一无所知。

我经常听到领导者抱怨："我的团队成员都不读我发的邮件。"这是因为年轻人不用电子邮件沟通。如果你真的希望他们读邮件，可以发条信息告诉他们："我给你发邮件了。"

- 以他们为主题。例如，不能说"我们的产品是最好的"，试着说"你是我们产品很好的代言人"。
- 确保会议和谈话都充满活力。
- 不要对他们发号施令。他们更愿意接受强调双方合作的方式。

最重要的是，清楚自己的价值。年轻人希望自己的导师能提供他们实现目标所需的知识、鼓励和认可。主动承担这种导师的角色。

变革不是我们采取的行动，而是我们存在的本质，我们永远都不会停下变革的脚步。去年还可行的方法，明年可能就无法用以维系事业的增长势头。你的客户、潜在发展对象和团队成员所面临的选择，无论从种类上还是从便利性来看都是前所未有的。你必须在自己的领域做到最好，才能赢得他们的关注和忠诚度。愿意变革能保证你的事业存续下去。不断变革是事业蓬勃发展的前提条件。

没有任何一种事业，能依靠昨天的技术实现明天的成功。每年有数百万个企业关门，不是因为企业主不再投入时间、努力和经历，而是因为它们不再适应当前不断变化的市场。

你现在的优势是，在推行变革之前不需要首先征求上级的意见。你可以在几秒之内推行变革。如果你的变革没有效果，那么你还可以尝试新的东西。

不要只是专注于自己的事业，以至于错过了变革的信号。追踪市场动态，听取客户的想法，密切关注竞争对手。参加会议，了解有关变革的第一手资料，清楚执行变革的原因。等你接触到二手信息，这些信息往往已经失去了新鲜度。

每天都学习新东西。如果茶杯空了，则倒不出来任何东西。下载并学习公司的语音培训资料。阅读有关网络营销、激励与领导力的图书。一下子面对过多信息的效果比不上拉开战线每次少接触点儿，这样你也有时间将自己学到的知识付诸实践。知识的魔力，全都体现在实际应用中。

如果你学到了新东西，认真思考："我要如何把它用到我的事业上？"

每年都要对自己从事的行业进行评估，不能以自己置身于这个行业为借口。业绩是评判表现的唯一真正标准。通过开展年度审核，你可以借此判断哪些方面还行得通，哪些方面亟待改变。

- 我的个人销售额有没有增长？
- 我的个人团队有没有壮大？
- 我们团队的销售额有没有增长？

- 团队发展的下级是不是增加了?
- 我们留住的成员是不是增多了?
- 参加年会的团队成员是不是多了?
- 获得激励旅行的团队成员是不是多了?
- 是否有人晋升为领导者?
- 参加会议的团队成员是不是多了?
- 参加电话会议和网络研讨会的团队成员是不是多了?
- 在社交平台上积极互动的团队成员是不是多了?
- 我们的团队士气提升是否存在漏洞?
- 是否还有哪些问题尚待解决?
- 我和上级、高层领导者及公司员工之间的关系健康吗?
- 我的团队成员对这项事业是否更有信心，他们的态度是不是更积极、更乐观?
- 我自己对这项事业是否更有信心? 我的态度是不是更积极、更乐观?

你的业务要么增长，要么下滑。如果你不积极地设法改善，就难以应对不断变化的市场状况。

领导者永远不会停止学习，也永远不会停下成长的脚步。他们不断追求自我完善，也不停地问自己下述问题。

- 哪些事情不能再做了?
- 哪些事情要开始做?
- 哪些事情要改变方式?
- 哪些事情现在就要做?

创新的力量

特蕾西·林恩博士

特蕾西·林恩首饰公司创始人

创造是构思新事物，创新是实践新事物。

——西奥多·莱维特

网络营销是一个不断变化、不断成长、不断呼吸的行业。这个行业蓬勃发展的根基，就是创新。如果我们停下了创新的脚步，我们的命运就会和恐龙一样——灭绝！

学会创新意味着愿意承担风险。如果你躲避风险，你就会永远为那些愿意接受风险的人打工。你比自己想象的更强大。所以，相信自己的本能，不要因为恐惧变化而抗拒创新。

我们的一位新领导者是一个很有技巧的招聘者。她的表现很稳定，基本每个月都能招到十个新人。但是之后，她意识到，这些新人有一半以上在 90 天之内就离开了团队。她拒绝接受这样的数据，因为她坚信公司的理念——系统是高效的，系统会给我回报！

面对人员大量流失的现状，她没有灰心丧气，而是将其作为一个创新的机会。她和另一位领导者共同开发了一个针对新招聘人员的项目，命名为“让我们走进实验室”。这个项目专注于个人发展、业务发展和公司文化。

效果很惊人。该项目实施后，所有新招聘成员中，有 80% 留了下来。这项举措非常成功，我们在整个公司推行了这一计划，让每个领导者都能从中受益。

重要的是，她能衡量自己项目的成功程度。对很多领导者来说，有想法并不难，真正的挑战是如何将好的想法转化为效果可以衡量的具体措施。

三年前，我们公司大胆地采取了一项举措，可以将其归类为重大风险。但是在分析了业绩之后，我们意识到，如果不推行这项变革，我们就没法照顾好自己的员工。

我们把公司的办公室从特拉华州迁到了劳德代尔堡。原有的 20 名员工只有两名留了下来，我们建立了新的公司团队。我们还改造了产品名录，开发了新产品。每个举措本身就已经很冒险了，而这些举措加起来就是一个巨大的风险。即使我们在制定决策之前已经深思熟虑，但是这些变革很快引起了轩然大波。

其间出现了严重的软件问题，这就意味着我们没法处理新的顾问工具包。大多数新签约的成员在这段时间取消了和我们的合作。

但是，即使面对营收亏损这样的局面，我们也没有迷失方向，因为我们相信，没有哪种创新不伴随着风险。因此，我们拉高船帆，变得比之前任何一段时间都更加坚韧，更加专注，更加坚决。我们坚信，如果不推行变革，我们就不能保持自己的竞争力，员工的命运也会被置于危险的境地。

风暴平息后，到处都是断壁残垣。但是在年底之前，我们就成功地弥补了全部亏损。在过去几年中，我们实现了惊人的增长和飞越，并在新领域实现了创新。这一切都证明，我们采取的措施是正确的。要想创建一种强调变革的文化，首先需要领导者愿意放权。你要有足够的自信，才能领导这份事业，而不是控制它。如果团队成员相信你永远都将他们的最佳利益放在核心位置，他们就会乐于接受你的创新。

创新是全部，是对生活中即将到来的美景的预展。

——阿尔伯特·爱因斯坦

总　结

永远不要怀疑自己有能力领导一个利润丰厚的网络营销帝国。从签订独立合同商协议的那天开始，你就已经是一位领导者了。不要等到自己的团队组建完成后，才开始以领导者的身份思考问题或采取行动。你的态度和举动越早达到领导者的水平，你的团队就能越早发展壮大。

领导团队是一项巨大的责任，但也不要把自己压得喘不过来气。让这份责任成为你成长为卓越领导者的动力。

没有人比你更值得收获成功，但是你的成功不应该以牺牲他人的成功为前提。你也不需要玩弄手段，应对蛮不讲理的老板，或者和同事为了一个薪酬更高的岗位而展开激烈的竞争。就像我一开始说的那样，所有人都在和自己比赛。

站在网络营销顶峰的从业人员来自生活中的各个领域。我们是老师、工程师、会计、艺术家。我们是学生、老兵、母亲、父亲。吸引我们加入网络营销这个行业的原因，是为了追求更好的生活。

网络营销帮助我们的家庭摆脱了债务困扰，让我们能支付子女大学教育的费用，建设自己的梦想家园，负担得起豪华的旅行。这份事业给因失业和裁员而遭遇重创的家庭带来了明显的改善；数以百万计的孩子在家时有父母陪伴，而他们的家庭也不会受到单收入的影响。

吸引我们进入这个行业的原因，不是我们留在这个行业的原因。我们的目标会随着事业的发展而不断提高，我们的影响力也会不断壮大。要想实现自己的目标，唯一的方法就是帮助其他人实现他们的目标。

衡量成功与否的标准是你的工资单。但是，如果你真心愿意帮助其他人，你对事业的愿景就不会局限在工资单上。你会希望每位团队成员的生活因为你的存在而变得更加充实，不论他们在团队待多长时间，也不论他们取得多大的成绩。

建设团队时要依靠正直和可靠，同时还要设身处地地为团队成员着想。当你知道自己给别人的生活带来不同时所体会到的满足感，是任何金钱或认可都无法比拟的。

随着你的事业不断壮大，你可能犯错。你所面对的挑战，可能是自己无法控制的；有些挑战，让你一点儿准备都没有。但除非你选择将其视为不可克服的，否则它们并不能阻止你前进的脚步。我所遇到的领导者当中，没有任何一位的成长之路是一帆风顺的。只有愿意做出改变，从而适应客观情况的人，才能最终成为领导者。

如果你的事业放慢了脚步或陷入僵局，那么只有你才能让它重新回到正轨。不要把时间浪费期待变革自动发生或寻找替罪羊。将自己的注意力和精力都集中在如何变革上。最重要的是，做好准备，让自己回答下述这些艰难的问题。

- 我是否容许自我怀疑阻碍自己实现梦想?
- 我担心的事情是不是自己无法控制的?
- 我是否很容易受到其他人想法的干扰?
- 我是否在不重要的事情上浪费时间?
- 我是否不愿意接受变革?
- 我是否沉迷在错误中?而不是正确的事情上?
- 我是否将自己的失败归咎于别人?
- 我做的够不够?
- 我采取的举动是正确的吗?

领导者不会让自我怀疑来决定自己的人生轨迹。如果你并不坚信自己值得拥有充实的生活，你在实现目标的过程中就会永远像爬坡一样艰难。如果你的自信心是不可动摇的，任何阻挡你实现目标的障碍，都是可以克服的。

随着你的团队不断壮大，你会发现自己原来并没有认识到的长处。你会让自己的生活和所爱的人的生活更加充实。你会发现，你可以改变的人生，是无限的。

这个行业唯一的受害者，只有那些因为恐惧而不敢大胆采取行动的人，以及那些因为暂时的挫折而没有回击之力的人。网络营销是个无情的老师。你必须先接受考验，之后才能领悟道理。

我刚搬到美国时，住在洛杉矶。众所周知，洛杉矶是一座梦想者的城市。但是我不这样看。在我眼里，每位愿意以服务生或薪水极低的零售工作谋生，将每分钟闲暇时间都用在上表演课或参加试镜的有抱负的演员，都是实干者。每位愿意睡在朋友家的沙发上，将自己赚来的每分钱都花在声乐课或舞蹈课上的演员，都是实干者而不是梦想者。之所以称其为实干者，是因为他们愿意尽一切所能来追逐自己的梦想。

我还记得一个眼神明亮的服务生忍不住和我分享："我刚刚获得了《犯罪现场调查》里的一个角色。"一位发型助理，现在在一家电影制片厂的特效部门工作；一个年轻人刚到好莱坞时的第一份工作是泡咖啡，但现在他已经成为两部黄金时段节目的执行总监，他的名字也出现屏幕上的鸣谢名单中。

并不是所有人都能取得成功。每个行业都是如此。并不是每个上大学的都能毕业，或者获得自己梦寐以求的工作。在有工作的人中，只有一小部分才能最终做到高管层。在满怀抱负的歌手和作家中，只有几个人能红到家喻户晓。但是我还是要为他们所有人鼓掌。对那些嘲笑他们的人，我只想说："请不要践踏他们的梦想。"

进入网络营销这个行业的人，只有一小部分人的收入能达到六位数。但是在询问自己"为什么是我"之前，先停下来问问自己："为什么不是我？"

要想成功，一定不要听信那些以靠伤害你的感情为乐的人。追逐自己的梦想，然后让时间来应对这些怀疑者。

如果你不再惧怕失败，不再顾虑别人的期望和想法，你就可以自由地追逐你对人生的梦想了。

这个世界无法干预你的思想，知道这一点真是让人高兴。

——弗兰克·迈考特

在迈向成功的旅途中，你每次只能走一步。在通往目标的道路上，可能有很多崎岖、坎坷和混乱。但是，如果你的目标足够远大，你就永远不会迷失方向。因为它的光辉，会让旅途中的所有艰难都变得微不足道。

紧紧地把握住自己的梦想。无论付出怎样的代价，都要坚持为之努力。要想追求想要的生活，需要的是勇气而不是自信。除非你在成功之前就放弃，否则你不会失败。

> 我们自己释放光芒时，也在无意中给了别人这样做的权力。
>
> ——玛丽安娜 · 威廉森

附录 A

按美元销售额计算直销排名前二十的国家和地区（预估值）

国家	美元（十亿）	国家	美元（十亿）
1. 美国	32.7	11. 英国	3.3
2. 中国	27.3	12. 哥伦比亚	3.3
3. 日本	17.9	13. 中国台湾地区	3.1
4. 韩国	14.5	14. 意大利	3.1
5. 巴西	14.2	15. 泰国	3.0
6. 德国	8.6	16. 加拿大	2.0
7. 墨西哥	8.1	17. 阿根廷	1.9
8. 法国	5.3	18. 秘鲁	1.9
9. 马来西亚	4.7	19. 澳大利亚	1.4
10. 俄罗斯	4.3	20. 委内瑞拉	1.4

附录 B

按年增长率计算直销排名前二十的国家和地区

国家	年增长率	国家	年增长率
1. 中国	41.0%	11. 中国台湾地区	6.4%
2. 阿根廷	38.0%	12. 秘鲁	5.7%
3. 委内瑞拉	15.0%	13. 德国	4.2%
4. 印度尼西亚	15.0%	14. 法国	3.9%
5. 菲律宾	14.8%	15. 美国	3.3%
6. 印度	11.7%	16. 韩国	2.9%
7. 墨西哥	8.5%	17. 俄罗斯	2.7%
8. 巴西	7.2%	18. 澳大利亚	2.3%
9. 英国	6.7%	19. 泰国	1.9%
10. 哥伦比亚	6.7%	20. 马来西亚	1.8%

附录 C

全球前五十大网络营销公司

世界直销协会联盟收集的全球前五十大公司的数据（按净销售额计算）并不作为建议，只为向读者展示网络营销渠道提供的产品与服务的多样性。

无论你选择的是一家刚刚起步的初创公司，还是一家全球知名品牌，你前进的机会都差不多。成功的关键因素之一，是找到一家提供的产品或服务能让你有热情的公司。

1．安利（美国）

销售方法：个人对个人

薪酬结构：多层

产品：化妆品、个人护理、食品饮料、家居饰品、厨具与电器、家庭护理、保健

2．雅芳（美国）

销售方法：个人对个人

薪酬结构：多层

产品：化妆品、个人护理、服饰、家居饰品、厨具与电器

3．康宝莱（美国）

销售方法：个人对个人

薪酬结构：多层

产品：化妆品、个人护理、保健

4．玫琳凯（美国）

销售方法：个人对个人、派对直销

薪酬结构：单层

产品：化妆品、个人护理

5．福维克（德国）

销售方法：个人对个人、派对直销

薪酬结构：单层

产品：化妆品、家用电器、家庭护理

6．大自然化妆品公司（巴西）

销售方法：个人对个人

薪酬结构：多层

产品：化妆品、个人护理、保健

7．无限极（中国）

销售方法：个人对个人

薪酬结构：不详

产品：医疗保健

8．特百惠（美国）

销售方法：个人对个人、派对直销

薪酬结构：单层与多层

产品：储物与服务、美容、个人护理

9．如新（美国）

销售方法：个人对个人

薪酬结构：多层

产品：化妆品、个人护理、保健

10．中脉（中国）

销售方法：个人对个人

薪酬结构：不详

产品：营养品、医疗保健、家庭护理、服装

11．欧瑞莲（卢森堡）

销售方法：个人对个人

薪酬结构：多层

产品：化妆品、个人护理

12．境界能源（美国）

销售方法：个人对个人

薪酬结构：多层

产品：能源

13．Belcorp Ltd.（秘鲁）

销售方法：个人对个人、派对直销

薪酬结构：单层与多层

产品：化妆品、个人护理

14．Primerica Inc.（美国）

销售方法：个人对个人

薪酬结构：多层

产品：金融服务

15．天狮（中国）

销售方法：个人对个人

薪酬结构：单层

产品：医疗保健

16．Telecom Plus（英国）

销售方法：个人对个人

薪酬结构：多层

产品：固定电话、宽带、手机、燃气、电力、现金返还卡

17．中健（中国）

销售方法：个人对个人

薪酬结构：单层

产品：医疗保健、化妆品、清洁

18．Stream Energy（美国）

销售方法：个人对个人

薪酬结构：多层

产品：能源与居家生活服务

19．Miki Corp.（日本）

销售方法：不详

薪酬结构：不详

产品：食品、化妆品、家居用品

20．Yanbal International（秘鲁）

销售方法：个人对个人

薪酬结构：多层

产品：化妆品、个人护理、皮肤护理、首饰、香水

21．嘉康利（美国）

销售方法：个人对个人

薪酬结构：多层

产品：营养补充剂、皮肤护理、体重管理、绿色清洁剂

22．ACN Inc.（美国）

销售方法：个人对个人

薪酬结构：多层

产品：通信、能源

23．Pola（日本）

销售方法：个人对个人

薪酬结构：单层

产品：化妆品、皮肤护理、个人护理、营养品

24．优莎娜（美国）

销售方法：个人对个人

薪酬结构：多层

产品：保健

25．DXN Holdings BHD（马来西亚）

销售方法：个人对个人

薪酬结构：多层

产品：化妆品、个人护理、食品饮料、家庭护理、保健

26．Cosway Corp. Ltd.（马来西亚）

销售方法：个人对个人

薪酬结构：不详

产品：补充剂、皮肤护理、个人护理、化妆品、家居产品、汽车养护、食品饮料、服装

27．爱身健丽（美国）

销售方法：个人对个人

薪酬结构：不详

产品：保健

28．三一礼品（美国）

销售方法：个人对个人、团体销售

薪酬结构：多层

产品：手包、托特包

29．美安（美国）

销售方法：个人对个人

薪酬结构：单层

产品：化妆品、个人护理、食品饮料、家庭护理、休闲与教育、服务、保健

30．诺薇雅（日本）

销售方法：个人对个人

薪酬结构：单层

产品：皮肤护理、身体护理、营养补充剂、化妆品

31．For You（中国）

销售方法：个人对个人

薪酬结构：不详

产品：化妆品、医疗保健、个人护理、家庭护理、食品饮料

32．It Works！ Global（美国）

销售方法：个人对个人

薪酬结构：多层

产品：化妆品、个人护理、保健

33．Team Beachbody（美国）

销售方法：个人对个人

薪酬结构：多层

产品：保健

34．罗麦（中国）

销售方法：个人对个人

薪酬结构：不详

产品：化妆品、营养补充剂

35．Forbes Lux Group（瑞士、印度）

销售方法：个人对个人、个人对企业

薪酬结构：单层

产品：净水器、空气净化器、家用与专业清洗系统、电子安全解决方案

36．AdvoCare International LP（美国）

销售方法：个人对个人

薪酬结构：多层

产品：化妆品、个人护理、保健

37．Arbonne International LLC（美国）

销售方法：个人对个人

薪酬结构：多层

产品：化妆品、个人护理品、保健品

38．Apllo（太阳神）中国

销售方法：个人对个人

薪酬结构：多层

产品：营养饮料

39．equal Scentsy Inc.（美国）

销售方法：聚会直销与团体销售

薪酬结构：多层

产品：配饰、食品饮料、家居装饰、厨具与电器

40．Nerium International（美国）

销售方法：聚会直销与团体销售

薪酬结构：多层

产品：化妆品、个人护理

41．三生（中国）健康产业有限公司（中国）

销售方法：个人对个人

薪酬结构：多层

产品：保健

42．Team National Inc.（美国）

销售方法：个人对个人

薪酬结构：多层

产品：服装与配饰、化妆品与个人护理、食品饮料、家居装饰、厨具和电器、服务、保健

43．Nature's Sunshine Products Inc.（美国）

销售方法：个人对个人

薪酬结构：多层

产品：植物萃取类产品、膳食补充剂、皮肤护理、一般保健

44．爱朱兰（日本）

销售方法：个人对个人

薪酬结构：多层

产品：皮肤护理

45．福蒂姿（日本）

销售方法：个人对个人

薪酬结构：单层

产品：皮肤护理、化妆品

46．WorldVentures（美国）

销售方法：个人对个人

薪酬结构：多层

产品：旅行包

47．PartyLite（美国）

销售方法：聚会直销

薪酬结构：多层

产品：蜡烛、香氛、家居装饰

48．4Life Research L.C.（美国）

销售方法：个人对个人

薪酬结构：多层

产品：保健

49．Rodan + Fields Dermatologists（美国）

销售方法：个人对个人

薪酬结构：多层

产品：化妆品、个人护理

50．Viridian Energy（美国）

销售方法：个人对个人

薪酬结构：多层

产品：能源

资料来源：《2014 年世界直销协会联盟报告》

作者简介

玛丽·克里斯坦森是直销行业卓越的、备受尊重的领军人物之一，也是全球人气最高的演讲者之一。她写的畅销书《成为直销界的超级明星》、《成为招募界的超级明星》、《成为派对直销界的超级明星》、《成为网络营销界的超级明星》以西班牙语、法语等多种语言出版。

玛丽曾经涉足直销的所有方面，曾担任独立承包商、两家直销公司的首席执行官及（新西兰）直销协会会长。2013 年，她进入澳大利亚这个新市场，当时吸引了 3 000 名顾问加盟，其中 50 名在前十个月就晋升为领导者。

Direct Selling Live 将玛丽评为全球直销界最具影响力的十名女性之一。国际多层营销协会授予了玛丽全球至尊奖。

玛丽的联系方式：Marychristensenauthor/www.marychristensen.com。

反侵权盗版声明